?!#*

ns|w Fachhochschule Nordwestschweiz
Hochschule für Gestaltung und Kunst

Verbinde die Punkte

Doing Care.

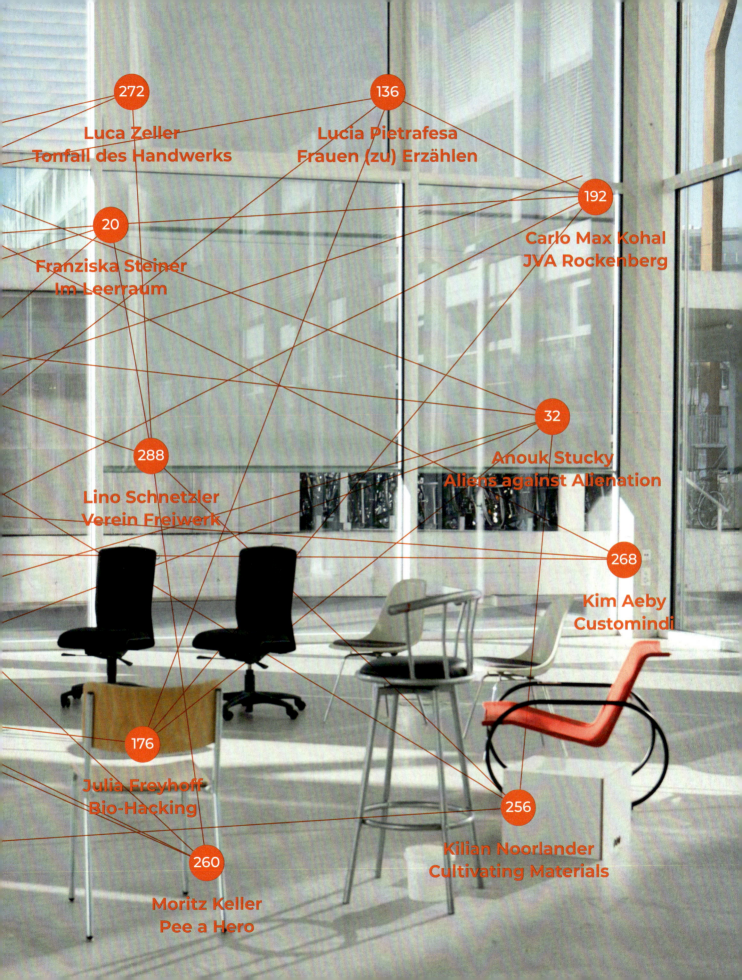

FRANZISKA STEINER

Mein persönlicher Kodex der Freiheit als Mensch

4

Freiheit als Menschsein
Freisein als Menschheit

Früher Morgen, die Luft und der Sand sind eiskalt.
Die Sonne geht auf und der Mond geht unter.
Tagesanbruch.
Ein Wechsel von Nacht auf Tag,
ein Wechselspiel von Untergang und Aufgang.
Ein Moment der Freiheit.
Zwischen Erde, Himmel und Wasser.

Freiheit ist für mich ein Gefühl. Ein Gefühl, das mir sagt: «Die Welt steht mir offen. Mir gehört alles und zugleich nichts.»
Dieses Gefühl beschreibe ich als Leichtigkeit. Über die Jahre angesammelten Ballast abwerfen, gehört zum Prozess hin zur persönlichen Freiheit. Ein freier Kopf, in dem alle Gedanken Platz haben, Bilder erscheinen und verschwinden, losgelöst von Konzepten, Mustern, Ängsten oder Süchten. Ein leichtes, aber bebendes Herz, gefüllt mit Luft, fast wie ein Ballon, der aufsteigt und vom Winde fortgetragen wird.
Die Füsse standfest und zugleich schwebend, die Hände neugierig, tastend und erforschend. Der ganze Körper fühlt sich leicht und durchsichtig an. Eine Stimmigkeit und Echtheit von Körper und Geist in Verbundenheit zur Welt. Als würden die Flügel zum Davonfliegen ausgebreitet oder als wäre ich auf Reisen. Ich komme oder gehe. Ich trete mit Menschen in Kontakt oder nicht. Ich bin flüchtig oder lasse mich nieder.
Ich entscheide mich dafür oder dagegen. Bewusst. Bewusst entscheide ich mich dafür oder dagegen.

NAME	**Roman Etter**
PROJEKTTITEL	**StattBüro**
KEYWORDS	**Urbanes Design, Raum, Mobilität**
FRAGESTELLUNG	**Wie kann das Projekt StattBüro den öffentlichen Raum gestalten und wo stösst es auf Grenzen und Widerstand? Wie kann es diese mit seinen eigenen Möglichkeiten überwinden und spielerisch nutzen?**
ABSTRACT	StattBüro wurde im Frühling 2019 gegründet. Es ist sowohl ein Kollektiv wie auch ein Büro auf der Schützenmatte in Bern. Von dort schwärmen diverse mobile «Shuttles» in Form von Veloanhängern in die Innenstadt und andere Quartiere aus, um möglichst viele Räume zu bespielen und Menschen zu erreichen.
BESCHREIBUNG	StattBüro ist ein neunköpfiges Kollektiv, das sich mit der Umgestaltung des öffentlichen Raums in Bern beschäftigt. Auf der zentralen Schützenmatte hat sich StattBüro seit dem Frühling 2019 niedergelassen: als stationäres Minilabor zur Erweiterung des partizipativen Prozesses. Dafür wurden kleine, mobile, multifunktionale Veloanhänger gebaut, sogenannte Space-Shuttles. Eine Küche, ein Kaffee, eine Werkstatt, eine Näh- und eine Multifunktions-Einheit verbinden sich über sie mit der Berner Bevölkerung. Orte wie die Spital- und die Marktgasse werden nur zu Ladenöffnungszeiten gut frequentiert, was zur Folge hat, dass diese Perimeter nach Ladenschluss ausgestorben wirken. Solche zwischenzeitlich leerstehenden Flächen existieren auch in Berns Wohnquartieren. StattBüro will auf diesen Missstand hinweisen, durch zentrale Anliegen wie «Begegnung» und «Öffentlichkeitsarbeit». Der fixe Standort auf der Schützenmatte dient einerseits als sichtbares Gefäss, andererseits als Knotenpunkt für die Space-Shuttles, um mit verschiedenen Quartieren und deren Bewohner*innen in Verbindung zu treten. Die Schützenmatte bietet auch Platz zum Bauen. Das Projekt versteht sich als fester Bestandteil des Stadtlebens. StattBüro will kreative Ideen im urbanen Raum umsetzen. Durch die Mobilität der Minilabore sind wir bereit für den Austausch mit anderen Städten. Passant*innen und die Mitglieder des Kollektivs bestimmen den gemeinsamen Prozess auf Augenhöhe mit. Ziel ist es, die Stadt der Zukunft gemeinschaftlich zu entwickeln, um eine Belebung und Bewusstwerdung rund um den öffentlichen Raum mit all seinen Akteur*innen anzustossen.

«Es ist Zeit, den urbanen Raum neu zu verhandeln.»

MAX SPIELMANN & SOTIRIOS BAHTSETZIS

Doing Care I

Verbinde die Punkte. Doing Care. Intro

«Betrachtet man Klees Zeichnung heute, […] sieht man den Engel der Geschichte nach wie vor in ungebremstem Flug. Allerdings hat er zur Verblüffung des Betrachters einen U-Turn vollzogen: Nunmehr kehrt er der Vergangenheit den Rücken und blickt entsetzt in Richtung Zukunft. Seine Flügel werden von einem Sturm nach hinten gedrückt, der einem imaginierten, antizipierten und vorauseilend gefürchteten höllischen Morgen entstammt und ihn unaufhaltsam auf das (im Rückblick, nach seinem Verlust und Verfall) paradiesisch erscheinende Gestern zutreibt. Und wieder ist der Sturm so stark, dass er die Flügel ‹nicht mehr schliessen› kann. […] Heute ist es die Zukunft, auf die man nicht vertrauen kann, da sie vollkommen unbeherrschbar erscheint.» (Zygmunt Bauman 2017. S. 9f.)

Zygmunt Bauman nahm in «Retrotopia» Walter Benjamins Interpretation von Paul Klees Zeichnung zum Anlass, über eine Doppelfigur nachzudenken. Eine Doppelfigur, die mit angsterfülltem Blick in die Zukunft schaut, hinein in die drohende Klimakatastrophe, hinein in den aufkommenden, ineinandergreifenden Mix von Selbstoptimierung und Fremdkontrolle, hinein in die disruptiven technologisch-gesellschaftlichen Brüche und hinein in die autoritären, populistischen und nationalistischen Entwicklungen.

Diese Figur ist gleichzeitig aufgeladen mit der Vergangenheit, vor der sie den Blick abwendet. Die Aufladung ergibt ein romantisches Idyll, mit den goldenen Jahrzehnten des demokratischen Kapitalismus in den westlich-industrialisierten Ländern, einer Zeit des Wohlstands und der sozialen Absicherung, einer grösser werdenden Mittelschicht mit sich verringernden Einkommens- und Vermögensunterschieden, einer scheinbaren Chancengleichheit für alle und der breiten soziokulturellen Öffnung, versinnbildlicht im Mythos der 68er-Bewegung. Wie wir wissen, war diese Zeit erkauft mit Schulden, mit Kolonien und Kriegen in den Hinterhöfen der Welt sowie mit den passenden, gut funktionierenden Narrativen: Der Aufstieg ist für alle möglich, die wahre Liebe triffst du nach einigen Wirren gleich im Nachbarhaus, und das nächste SUV-Automodell wartet auf dich. Narrative, die auch heute noch bestens funktionieren.

Die Klimastreiks in Mittel- und Nordeuropa und andere Radikalisierungen haben gezeigt, wie zunehmend ungeniessbar dieser Mix für uns alle und speziell für die Zukunftsträger*innen wird, für die Generation der Millennials, mitten durch die virtuelle Bruchlinie zwischen Generation Y und Z.

Und damit zurück an den Start einer zweijährigen Reise, einer Reise des Jahrgangs der

Diciotto am Institut HyperWerk, einer Reise von den ersten Annäherungen über das Jahresthema *Verbinde die Punkte. Doing Care.* bis zum Bachelorabschluss. Begonnen hatten wir spielerisch mit kurzen Medienproduktionen.[1] Wie wird das Leben, dein Leben in 20 bis 40 Jahren aussehen?

Die Ergebnisse[2] waren durchgängig von Dystopien geprägt: Wir befinden uns in einer digitalisierten und automatisierten Welt, globale Katastrophen sind eingetroffen, und Arbeit nach heutigem Verständnis gibt es nicht. Und? – Wir leben! Dies tun wir ganz unterschiedlich. Kleine Kollektive hegen und pflegen ihre Felder und Häuser. Die gesellschaftlichen Makrostrukturen sind schwach bis inexistent. Kollektive funktionieren in überschaubaren Grössen autonom und vernetzt. Oder: Eine «künstliche Intelligenz» hat die Kontrolle übernommen und sorgt in allen Lebensbereichen für die Menschen. Die Sorge ist autoritär, doch oftmals angenehm und fast unsichtbar. Oder: Eine gentechnische High-End-Welt ist geprägt von fliessenden Übergängen und Kombinationen zwischen Tier und Mensch und zwischen den Geschlechtern. Doch Hormone, Eifersucht, Geschlechterkämpfe oder Einsamkeit existieren munter weiter.

Klassische Dystopien wurden aufgebaut und gleichzeitig wieder unterwandert. Die Dystopien der zerstörten Welt dienten als Möglichkeit, Konvivialiät in sich selbst organisierenden Kollektiven zu leben. Die Dystopie der bio- und psychopolitischen Kontrolle in einer perfektionierten Welt ist ironisiert und zynisch unterwandert. Kann diese Mischung aus Posthumanismus und Konvivialismus auch in der Realität funktionieren? Ja, wenn wir die Dezentrierung des Menschen als Chance betrachten und uns weder in eine klassische Science-Fiction-Dystopie noch in eine Industrie-4.0-Maschinenheilsversprechung hineinbegeben. Die verschiedenen theoretischen Auswege reichen von Subjekt-Objekt-Relativierungen wie bei Bruno Latour und María Puig de la Bellacasa über wissenschaftstheoretische Diskurse der Situierung und Verortung von Wissen und einem respektvollen Ethos der Wissensproduktion (Donna Haraway und Karen Barad) über Fragestellungen zu Subjektivierungsprozessen und neuen Existenzmodi (Gilles Deleuze und Félix Guattari) bis hin zu den expliziten Positionen des Posthumanismus wie bei Rosi Braidotti.

Der Begriff des Konvivialismus geht von Ivan Illich aus. Er beobachtete in den 1960er Jahren in Mittel- und Südamerika die zerstörerischen Kräfte der die kleinen ländlichen Gemeinden überschwemmenden Konsumgüter und Maschinen. Gerade die neuen Maschinen waren nicht zu reparieren; sie führten zu Abhängigkeiten und zerstörten soziale Strukturen. «Unter Konvivialität verstehe ich das Gegenteil der industriellen Produktivität [...]. Von der Produktivität zur Konvivialität übergehen heisst, einen ethischen Wert an die Stelle eines technischen Wertes, einen realisierten Wert an die Stelle eines materialisierten Wertes setzen.» Illich sieht in der Konvivialität die «individuelle Freiheit, die sich in einem Produktionsverhältnis realisiert, das in eine mit wirksamen Werkzeugen ausgestattete Gesellschaft eingebettet ist.» (Illich 2014. S. 32 f.) Viele dieser Ideen widerspiegeln sich heute in den Diskursen rund um die Commons, die kollektive Bewirtschaftung von und über gemeinsame Güter, basierend auf einem sozialen Miteinander, der bewussten Selbstorganisation und einem selbstbestimmten Wirtschaften. All diese Ansätze verbindet die Suche nach einem dritten Weg zwischen Markt und Staat. Zentral ist ein bestimmtes ontologischen Verständnis. Silke Helfrich (Helfrich 2019) spricht vom «Ich-in-Bezogenheit» und nennt es relationale Ontologie. Hier trifft sie sich mit einem posthumanistischen Verständnis bei Karen Barad oder Rosi Braidotti. Barad verwendet den Begriff der Intraaktion – im Gegensatz zum gängigen Begriff der Interaktion. Interaktion setzt eine Trennbarkeit von Handlungen zwischen den Akteur*innen/Aktant*innen voraus, während Intraaktion von einer Gemengelage, einer Vermischung von Akteur*innen/Aktant*innen ausgeht und damit von nicht trennbaren Beziehungen innerhalb der Handlungen.

«Der Engel der Geschichte […] hat das Antlitz der Vergangenheit zugewendet. Wo eine Kette von Begebenheiten vor *uns* erscheint, da sieht *er* eine einzige Katastrophe, die unablässig Trümmer auf Trümmer häuft und sie ihm vor die Füße schleudert. Er möchte wohl verweilen, die Toten wecken und das Zerschlagene zusammenfügen. Aber ein Sturm weht vom Paradiese her, der sich in seinen Flügeln verfangen hat und so stark ist, dass der Engel sie nicht mehr schließen kann. Dieser Sturm treibt ihn unaufhaltsam in die Zukunft, der er den Rücken kehrt, während der Trümmerhaufen vor ihm zum Himmel wächst. Das, was wir den Fortschritt nennen, ist *dieser* Sturm.»

WALTER BENJAMIN 1940. ÜBER DEN BEGRIFF DER GESCHICHTE IX

Paul Klee, Angelus Novus. 1. Januar 1920, 31,8 x 24,2 cm. Im Besitz des Israel Museum, Jerusalem.

Mit der Entwicklung des Jahresthemas tauchte der Slogan *Cure your darlings!* auf. Es handelt sich dabei um eine spielerische Umkehrung von *Kill your darlings!*⁵ *Kill your darlings!* beschreibt die Notwendigkeit, bei der Arbeit an Romanen oder Drehbüchern liebgewonnene Einzelelemente zu streichen, da sie sich meist als Ursachen von nicht funktionierenden Spannungsbögen erweisen. Sie waren wichtig in der Entwicklung, bleiben aber als unnötige «Ornamente» übrig.
In den letzten Jahrzehnten wurde der Slogan verstärkt für Optimierungen in Ökonomie bis Lebensberatung verwendet. Alles soll verdichtet und optimiert werden. *Cure your darlings!* nimmt eine Gegenposition ein. Beschäftigt euch mit den liebgewordenen Dingen, die nicht kommodifizierbar sind, die im Weg stehen und Staub fangen! Sie lenken nur scheinbar von den sogenannten wichtigen und nützlichen Dingen ab! In diesen Objekten, in diesen individuellen und sozialen Handlungen stecken Werte, die es zu pflegen gilt; in ihnen finden wir Ansätze zur Zukunftsbewältigung.

Gleichzeitig begleitete ein ganz spezifisches Nein die Diskussionen. In Herman Melvilles Erzählung «Bartleby, der Schreiber» (Melville 2004) führt die Figur des Bartleby je länger, umso mehr die Aufträge seines Chefs, des Besitzers einer Anwaltskanzlei an der Wall Street in New York, nicht mehr aus. Die Art der Verweigerung erscheint oberflächlich als sehr sanft: *I would prefer not to*; sie endet jedoch für Bartleby tödlich und hinterlässt die Überlebenden als hilflose Statisten. Wieso entwickelte *I would prefer not to* in den letzten Jahren eine solche Attraktivität, gerade bei der Generation Y? Wem und was gilt die Verweigerung? Und mit welchem Ziel? Giorgio Agamben interpretiert: «[A]ls Schriftkundiger, der aufgehört hat zu schreiben, ist er [Bartleby] die extreme Gestalt des Nichts, aus dem die gesamte Schöpfung hervorgeht, und zugleich die unerbittlichste Einforderung dieses Nichts in seiner reinen und absoluten Potenz. Der Schreiber ist zur Schreibtafel geworden, er ist von da an nichts anderes als sein eigenes weisses Blatt.» (Agamben 1998. S. 33) Wäre demnach die Verweigerung kein Zeichen der Unfähigkeit, sondern eher als die noch nicht realisierte Möglichkeit zu verstehen? Vielleicht gibt Agamben selbst eine Antwort, wenn er Karl Valentin zitiert:
«[M]ögen hätt ich schon wollen, aber dürfen hab ich mich nicht getraut.» (S. 35) So ist Bartlebys Verweigerung als nicht realisierte Möglichkeit aus einer Unfähigkeit heraus und damit als ein Sowohl-als-auch zu verstehen.

Vielleicht lässt sich Paul Klees Engel ebenfalls auf diese Weise interpretieren. Er schaut immer in die Richtung der Katastrophe – der vergangenen in der Interpretation von Walter Benjamin oder der künftigen zur heutigen Zeit bei Zygmunt Bauman. Dabei übersieht der Engel zwischen den Weltkriegen die kommende Katastrophe und heute die vertagte Katastrophe der 1950er bis 1980er Jahre. Beides führt dazu, dass eine Möglichkeit zur Veränderung nicht realisiert wird.

Wolfgang Streeck hat in «Gekaufte Zeit: Die vertagte Krise des demokratischen Kapitalismus» eindrücklich aufgezeigt, wie die goldenen Jahrzehnte des Westens mit einer Schuldanhäufung erkauft wurden, die immer schwerer auf uns lastet. Sie führt zu einer angsterregenden Unbeherrschbarkeit der Zukunft: «Der Kapitalismus war, wie eingangs erwähnt, immer eine fragile und fragwürdige Ordnung, und sein Überleben hing von laufenden Reparaturarbeiten ab. Heute sind jedoch zu viele Gebrechlichkeiten gleichzeitig akut geworden, während zu viele Arzneimittel erschöpft oder zerstört wurden. Das Ende des Kapitalismus kann man sich dann als Tod aus tausend Schnitten oder aus einer Vielzahl von Gebrechen vorstellen, von denen jedes umso unbehandelbarer sein wird, als alle gleichzeitig eine Behandlung erfordern.» (Streeck 2015. S. 24) Die vom Kapitalismus eingefangene postindustrielle Gesellschaft wurde eindeutig zum *matter of care*, und ihre Behandlung ist heute vielleicht das wichtigste Anliegen von Gestalter*innen, Erzieher*innen und politischen Entscheidungsträger*innen. Weder *I would prefer not to* noch *Cure your darlings!* bringen uns weiter, denn sie verharren in Selbstbezogenheit.

VERBINDE DIE PUNKTE – DOING CARE

Verbinde die Punkte steht inmitten der Herausforderungen der gesellschaftlichen Transformationen. Wie mit Diversitäten und Heterogenitäten umgehen? Wie eine *multitude* unterschiedlichster Gruppierungen als potenziell gemeinsame Kraft wahrnehmen? Wie entsteht aus all diesen Verbindungen ein soziales Geflecht, das wir eine zukünftige Kultur nennen können? Was verbindet uns alle, und wie verbinden wir uns alle? «Care ist eine Praxis, die sich immer auf eine spezifische Frage bezieht, in die sie selbst zutiefst eingebunden ist. Die Frage ‹How to care?› fordert ein tiefgehendes Verständnis von der Praxis der spezifischen Realität, für die Sorge getragen wird.» (Sorenson/Schank 2017. S. 426) *Doing Care* als Nachsatz stabilisiert *Verbinde die Punkte*. In welche Auseinandersetzungen sind wir eingebunden? Welche Aspekte eines zukünftigen «Zusammen Leben» können wir vertieft untersuchen? Was macht uns Sorgen, was hält uns in Sorge, und zu was geben wir Sorge?

Das englische Wort *care* hat verschiedene Bedeutungen. Eine etymologische Suche führt über das lateinische *curare* (engl. *cure*) zu einem Verständnis des *care* als Pflegen und Heilen. Eine andere etymologische Spur führt zum altenglischen *caru* bzw. zum protogermanischen *karo*, zum Lamentieren, zur Sorge und zur Trauer (*karo* ist noch im Wort *Kar*freitag enthalten). Die Historikerin Michelle Murphy erstellte in ihrer Studie «Unsettling care: Troubling transnational itineraries of care in feminist health practices» (Murphy 2015. S. 721 f.) basierend auf dem Oxford English Dictionary eine Auffächerung in vier Bedeutungen, die wir in dieser Publikation in vier weiteren Texten untersuchen.

Doing Care – Achtsamkeit und Sorge
«it indicates attention and concern, to be careful, watchful, meticulous, and cautious»

Doing Care – Sorgen und Schützen
«it means to provide for, look after, protect, sustain, and be responsible for something»

Doing Care – Affekt und Bindung
«it refers to the state of being emotionally attached to or fond of something»

Doing Care – Beunruhigung und Verunsicherung
«is to be troubled, worried, sorrowed, uneasy, and unsettled.»

(alle Zitate aus Murphy 2015. S. 722)

LITERATUR
Agamben, Giorgio. 1998. Bartleby oder die Kontingenz. Gefolgt von Die absolute Immanenz. Merve, Berlin
Bauman, Zygmunt. 2017. Retrotopia. Suhrkamp, Berlin
Benjamin, Walter. 1977 (1940). Über den Begriff der Geschichte. In: Ders. Illuminationen. Ausgewählte Schriften 1. Suhrkamp, Frankfurt am Main
Helfrich, Silke. 2019. Frei, fair und lebendig. Die Macht der Commons. transcript, Bielefeld
Illich, Ivan. 2014. Selbstbegrenzung. Eine politische Kritik der Technik. C.H.Beck, München
Melville, Herman. 2004. Bartleby, der Schreiber. Insel, Frankfurt am Main/Leipzig

Murphy, Michelle. 2015. «Unsettling care. Troubling transnational itineraries of care in feminist health practices». In: Social Studies of Sciences 45. S. 717–737
Sorenson, Estrid/Schank, Jan. «Einführung Praxeographie». In: Bauer, Susanne/Heinermann, Torsten/Lemke, Thomas (Hg.). 2017. Science and Technology Studies. Suhrkamp, Berlin. S. 407–428
Streeck, Wolfgang. 2015. Gekaufte Zeit: Die vertagte Krise des demokratischen Kapitalismus. Suhrkamp, Berlin

1 Dieser Workshop enstand in Zusammenarbeit von Studierenden des Instituts für Schreibkunst der Universtität für angewandte Kunst Wien (Kursleitung Orhan Kipcak) mit den Diciotto.
2 Einzelne Beispiele der Arbeiten sind in dieser Publikation abgedruckt.
3 Dieser Satz wird meist William Faulkner zugeschrieben: «In writing, you must kill all your darlings!», scheint jedoch seinen Ursprung bei dem Schriftsteller Arthur Quiller-Couch zu haben: «Whenever you feel an impulse to perpetrate a piece of *exceptionally fine writing*, obey it – wholeheartedly – and delete it before sending your manuscript to press. Murder your darlings.» (Quiller-Couch. 1914)

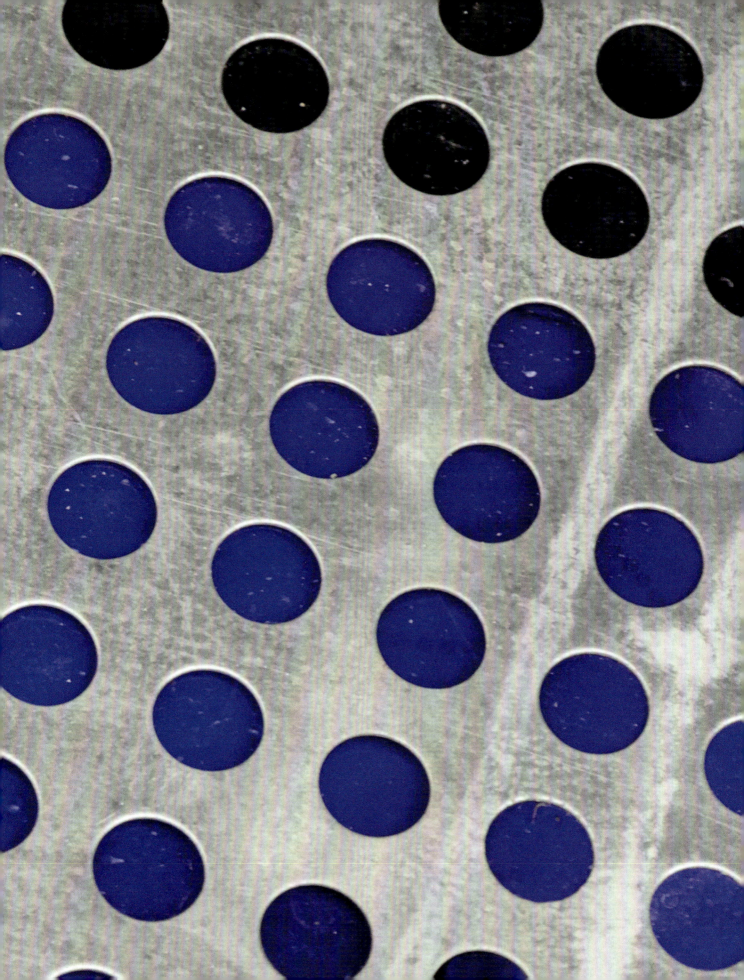

NAME	**Franziska Steiner**
PROJEKTTITEL	**Im Leerraum**
KEYWORDS	**Bild, Klang, Raum**
FRAGESTELLUNG	**Was kann aus Leerraum geschaffen werden?**
ABSTRACT	Das Diplomprojekt erkundet fotografisch den Stadtraum. Wie gestaltet sich eine Suche nach leeren und vollen Räumen? Und wie die Atmosphäre zwischen Subjekt und Objekt auf Bildern davon? Im Rahmen eines Workshop erforschen Teilnehmer*innen dazu mit audiovisuellen Mitteln leerstehende Räume der ehemaligen Coop-Verteilzentrale in Pratteln (Zentrale Pratteln). In Diskussion sind Bild, Klang und deren Wechselwirkung. Im Leerraum beschreibt Prozesse, die sich nicht fix manifestieren, sondern sich stetig verändern.
BESCHREIBUNG	In den Strom der Gesellschaft einzutauchen bedingt eine bewusst absichtslose innere Haltung, die von aussen als neutral wahrgenommen wird. Dabei handelt es sich um Anleitungen unvoreingenommenen Betrachtens, um einen Zustand zu erreichen, der die Dualität zwischen Fotograf*in und Objekt auflöst. Die bewusste Rolle der Beobachter*in bedingt ein Verhalten, das sich aktiv mit dem Moment auseinandersetzt, sich mitten im Geschehen aufhält, dabei möglichst unsichtbar bleibt. Gernot Böhme folgend wird Atmosphäre erst durch die physische Anwesenheit der Handelnden spürbar. Im Leerraum untersucht, wie sich Atmosphäre und Stimmung zwischen Subjekt und Objekt auf einem Bild sichtbar machen lassen. In Anlehnung an Roland Barthes begebe ich mich bewusst auf die Suche nach dem Punctum, also jenem Moment, der den Betrachter, die Betrachterin auf eine sprachlich nicht fass- und nicht begründbare Art berühren kann. Gibt es Leerraum als solchen und können wir aus ihm schöpfen? Braucht es heute, in unserer beschleunigten Zeit einen Ort zum Innehalten oder Stillstehen? Welche Atmosphären haben die sich dabei formierenden Räume? Welche Farbtöne können ihnen zugeschrieben werden und welche Klänge sind ihnen eigen? Im Rahmen eines dreitägigen Workshops in der Zentrale Pratteln setzen sich die Teilnehmer*innen mit genau diesen Fragen auseinander, indem Leerräume kollektiv erforscht und bespielt werden. Durch Fotografieren, Musizieren, Diskutieren, Experimentieren lassen sich Parallelen zwischen Bild und Klang herstellen. Mit unterschiedlichen «Instrumenten» und gemeinsam mit dem Jazzmusiker Daniel McAlavay beginnen die Räume zu «schwingen». Das dabei entstehende Material dient als Grundlage für weitere Arbeitsprozesse, um Raum für freie Entfaltung zu schaffen: Raum nicht vom Strom mitgerissen, sondern flüssig und sich stetig verändernd.

«Das Unsichtbare sichtbar machen.»

LUC SPÜHLER

Verbinde die Blasen

24

Über den Freilagerplatz zieht sich eine Blase. Sie ist nicht rund, wie wir es von einer Seifenblase gewohnt sind, und schwebt auch nicht unbekümmert durch die Luft, sondern sieht ihre Ränder fest mit dem Boden verbunden, so wie die Seifenblase, wenn sie auf dem Boden landet und sich als Halbkugel niederlegt. Meistens läutet diese Position die letzten Sekunden des Lebens einer Seifenblase ein; sie ruht noch für einen Augenblick, um dann in feine Tröpfchen zu zerplatzen und beinahe spurlos in dem Gasgemisch aufzugehen, das wir Luft nennen.

Unsere Blase hat sich von Beginn weg als bucklige Halbkugel aufgebaut, denn es ist nicht anzunehmen, dass sie sich im Erdreich zur Kugel vervollständigt, doch sicher sagen können wir das nicht. Sie beginnt an der Florenzstrasse und zieht sich empor über das Ateliergebäude, wo sie seitlich steil abfällt, neben dem Laubengang den Boden berührt und das Porsche-Zentrum bestimmt ausschliesst. Um noch die Werkstätten einzufangen, macht sie hier zum ersten Mal eine unnatürliche Biegung, die dem Wesen einer Blase eigentlich nicht entspricht. Dann steigt sie hoch empor, kratzt am oberen Ende des Hochhauses, um irgendwo in der Mitte des Freilagergebäudes wieder auf festen Grund zu stossen. Es ist der einzige Ort, an dem die Blase ihr Ende im Innern eines Gebäudes findet. Es ist auch der Ort, an dem man unbemerkt die Blase betreten oder verlassen kann, wenn man dies denn möchte. Verständnis und Unverständnis mischen sich in diesem Gebäude. Zu behaupten, die Fassade gegen den Freilagerplatz gehöre zu den Verstehenden und diejenige zur Neapelstrasse zu den Unverstehenden, wäre wohl zu einfach und entspräche kaum der Wahrheit. Die Blase zieht sich noch über das HEK-Gebäude, um an der Florenzstrasse wieder zur geschlossenen Form zu finden. Nun, es ist leider nicht so, dass man die Blase einfach zum Zerplatzen bringen könnte, und alles wäre in einem grossen Ganzen vereint. Es liegt im Wesen dieser Art von Blasen, dass sie sich nur ganz selten auflösen und mit anderen Blasen verbinden. Man kann sie sich eher als Gummibälle vorstellen, die sich bei Berührung zwar verformen, einander aber dennoch immer wieder abstossen. Es kommt schon mal vor, dass sich mehrere Blasen unter einer grösseren Blase wiederfinden, was aber nichts an der fehlenden Durchlässigkeit der einzelnen Blasen ändert.

So leben wir in dieser Welt, bauen sie ständig weiter und sehen sie immer mehr als die einzig richtige an. Obwohl wir es als unsere Aufgabe sehen, Objekte, Dienstleistungen und Geschichten für andere Blasen zu kreieren, gelingt es uns nur selten, diese Werke durch die Membran der Blase zu schleusen, denn sie ist kaum durchlässig. Wir können sie zwar als Personen passieren, sie verändert aber unsere Gedanken; und die Werke, die wir in unseren Händen halten, werden bis zur Unkenntlichkeit verunstaltet. Es war ursprünglich als Tauschgeschäft angedacht: Wir bekommen Unterstützung von ausserhalb, auf die wir unbedingt angewiesen sind, und liefern im Gegenzug Werke, die im besten Fall einen Nutzen für eine andere Blase darstellen. Aber das Geschäft läuft schlecht, wenn auch nicht für uns. Es fehlt eine Verbindung, ein Tor oder auch nur eine kleine Türe, die Verständnis passieren liesse.

Es war nicht unser Ansatz, für diese Problemstellung eine Lösung zu liefern. Unsere erste Motivation betraf nur uns selber. Angekommen in einem Studium, das die Freiheit propagiert, waren wir mit unserer Arbeitsplatzsituation unzufrieden. Wenn man die anderen Arbeitsräume am Campus betrachtet, sieht man schön aufgereihte Tische einer gehobenen Möbelmarke. Manchmal das Modell Haller, seltener das Modell Kitos, jedenfalls oft aus Stahl und einem Holz-Kunststoff-Gemisch gefertigt. Meistens gibt es eine Ordnung, eine klare Linie und einen zugewiesenen Platz. Auch bei uns, im HyperWerk-Studierendenatelier, findet sich vereinzelt das Modell Haller. Und die aus Seekiefer gefrästen Arbeitsplatzmodule, die noch im mittlerweile fernen Mulhouse produziert wurden, sind an ein paar Stellen anzutreffen. Dazwischen türmen sich abenteuerliche Eigenbauten. Der Vergleich mit einer Favela liegt nahe und ist nicht abwertend oder despektierlich gemeint. Es ist ein Ort, der durchaus seine Sympathie ausstrahlt und trotz des Chaos eine gewisse Geborgenheit vermittelt. Um als Neuankömmling einen

Arbeitsplatz zu ergattern, brauchte es, zumindest als wir unser Studium begannen, ein gewisses Mass an Durchsetzungsvermögen. Dies konnten wir jedoch zu diesem Zeitpunkt nicht aufbringen.

Das Wort «Ankommen» wurde langsam durch das Wort «Flucht» verdrängt. Es blitzte zum erste Mal der Gedanke auf: Wir fahren mit unserem Tisch einfach weg. Flucht mag ja häufig eher negativ konnotiert sein, es wird meistens verlangt, dass man sich dem Problem stellt. Dennoch benötigte Flucht häufig auch eine Portion Mut, um sich dem Ungewissen auszusetzen.

Da wir durch unser Studium keine eindeutige Berufsbezeichnung erlangen, und auch nirgendwo definiert ist, was wir nach unserem Studium können müssen, gibt es auch keine Definition dessen, was wir nicht können müssen. So sagen wir nur ganz selten, das könnten wir nicht, sondern behaupten bestimmt, wir könnten es noch nicht. Wir leben in einer Zeit, in der Wissen weitläufig verfügbar ist, und mit dem Willen, sich tief mit einer Materie auseinanderzusetzen, kann in kurzer Zeit Grosses geleistet werden. Man mag uns als Dilettant*innen betrachten, dem mögen wir nicht widersprechen, sofern von Dilettantismus im ursprünglichen Sinn gesprochen wird. Ein*e Dilettant*in ist eine Person, die sich ohne einschlägige Ausbildung leidenschaftlich einer Sache widmet und dabei durchaus die Fähigkeiten einer Fachperson erlangen kann (Quelle: Wikipedia). Wir konnten nicht schweissen, wir können es jetzt – dilettantisch. Wir wussten nichts über den Fahrzeugbau, wir kennen nun die Tücken einer Lenkung und haben die Geometrie des Herrn Ackermann studiert, bei der darauf zu achten ist, dass die kurveninneren Räder stärker eingelenkt werden als die äusseren, damit beide Räder auf einer Kreisbahn mit gleichem Mittelpunkt rollen. Wie berechnet man das benötigte Drehmoment, um einen geeigneten Elektromotor zu finden; kann ein Einradantrieb wirklich funktionieren; und wie dreht man eine Achsschenkelaufnahme auf der Drehbank? Das sind Fragen, an denen wir gewachsen sind. Unser Studium mag in den Augen vieler ein Ferienlager am Strand sein, da wir fast vollumfängliche Freiheit geniessen und keine Sanktionen zu befürchten haben. Es liegt in unserer eigenen Verantwortung, nicht den ganzen Tag mit Schnorcheln zu verbringen, sondern immer wieder abzutauchen in die Tiefen des Ozeans. Wenn dieser Tauchgang ohne Zwang geschieht, mit der inneren Überzeugung, da unten etwas zu finden, erst dann wird nachhaltiges Wissen generiert, wird Sinnhaftigkeit gefunden.

Unser Tisch war ursprünglich als Arbeitsplatz gedacht. Wir sitzen einander gegenüber, einer fährt. Wenn wir wollen, können wir den Raum verlassen, in dem sich unsere Arbeitsplätze befinden. Wir fahren durch die Gänge, vorbei an Vorlesungssälen mit über die Tische gebeugten Studierenden. Einige Säle haben grossflächige Fenster, Schaufenstern nicht unähnlich. Manchmal halten wir inne und schauen dem Treiben dahinter zu, als wäre es ein Blick in die eigene Vergangenheit. Der Warenlift bringt uns in jede gewünschte Etage, auch ins Erdgeschoss, wo sich die Türen nach draussen öffnen. Wir können arbeiten, wo wir wollen, ein Schirm schützt uns vor der Witterung. Wir stehen im strömenden Regen auf dem Platz. Obwohl wir in der Öffentlichkeit sind, geniessen wir Privatsphäre.

Das Einander-gegenüber-Sitzen schafft eine Intimität, einen Raum im Freien. Da di*er Beifahrer*in sich rückwärts fortbewegt, muss sie*er Vertrauen in di*en Fahrer*in haben. Der Einstieg in ein Gespräch am Tisch mit einer unbekannten Person fällt leicht, da man von Beginn weg eine gemeinsame Mission hat. Di*er Beifahrer*in ist auch nicht nur stille*r Begleiter*in, sondern muss aktiv mithelfen, wenn es darum geht, Türen zu öffnen und Hindernisse zu umfahren. Ohne bereits viele Worte verloren zu haben, wird man am Tisch zum Team.

Man kann jetzt natürlich auch behaupten, unser Tisch wäre nur eine Spielerei, ein Fasnachtsmobil auf dem Campus, ein Objekt ohne Sinn, das im Kontext eines Studiums keine Berechtigung haben sollte. Diese Behauptung versuchen wir nicht zu widerlegen, sondern wir stellen eine Gegenbehauptung auf: Der Tisch macht die Menschen glücklich. Kaum eine*r kann sich ein Lächeln verkneifen und erlebt einen unerwarteten Eindruck, der ihrem/seinem Alltag hinzugefügt wird. Wir machen Dozierende, Studierende, Handwerker*innen und Kinder glücklich. Was für einen grösseren Sinn kann ein Objekt denn haben, als Menschen glücklich zu machen? Wie viele Dinge, sofern sie denn unsere Blase unbeschadet verlassen, machen denn die Menschen glücklich und führen nicht nur zu mehr Profit, Ressourcenverbrauch und zwiespältigem Nutzen? Man mag jetzt einwenden, Profit sei sehr wohl ein Nutzen für die Gesellschaft und ein erstrebenswertes Ziel eines Studiums. Doch genau hier liegt der Vorzug unseres Studiengangs: Es ist uns ausdrücklich erlaubt, es ist sogar erwünscht, dass wir über bestehende Strukturen hinausdenken und auf eine andere Zukunft hinarbeiten, auf eine, die wir als lebenswert erachten.

Auch wenn es nicht unsere Intention war, macht es den Anschein, als könne der Tisch die Blase unbeschadet durchdringen. Er wird auch ausserhalb als das erkannt, was er ist: ein fahrender Tisch. Gewiss, die Lastwagenfahrerin zwei Strassen weiter sieht etwas anderes in ihm als unsere Dozierenden, aber sie sieht etwas, sie kommt für einen kurzen Moment auf andere Gedanken und gibt dem Tisch damit eine Berechtigung zur Existenz. Es ist schwer, eine Verbindung nach aussen zu schaffen, wenn man die jeweilige Sprache nicht spricht – und es wirkt so, als wäre der Tisch vielsprachig.

Wir dürfen nun keine Zeit mehr verlieren, denn wir müssen los, um die Blasen zu verbinden.

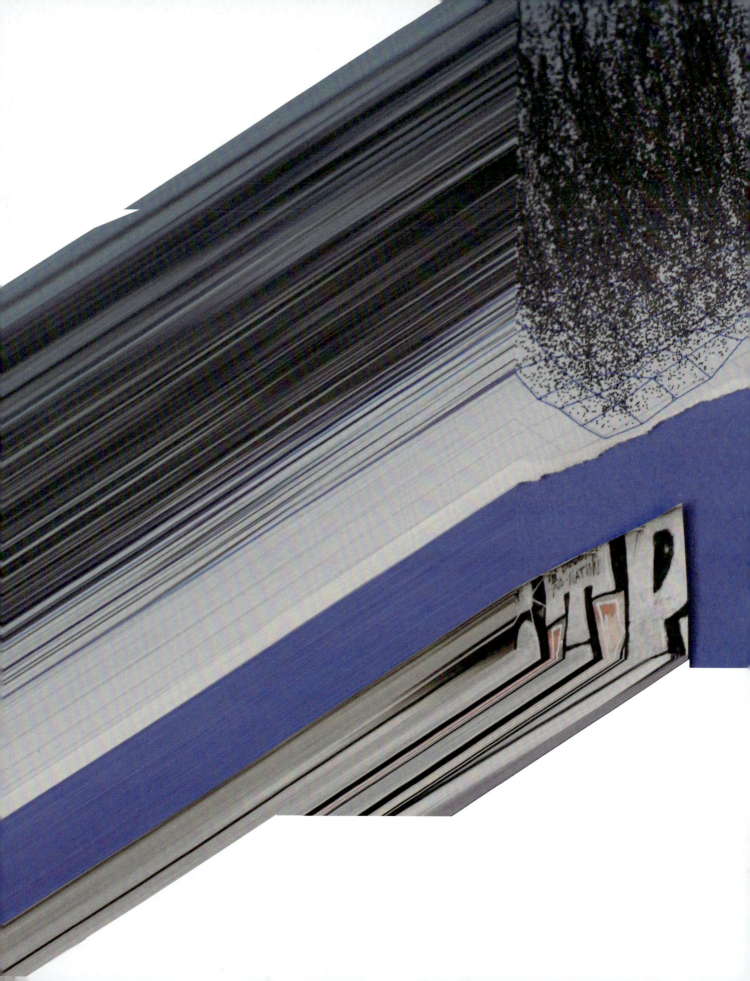

NAME	**Anouk Stucky**
PROJEKTTITEL	**Aliens against Alienation**
KEYWORDS	**Rollenspiel, Unterbewusstsein, Gender**
FRAGESTELLUNG	**(Wie) können wir Selbsterkenntnis und mentales Wachstum in unsere Tätigkeit als Gestalter*innen miteinbeziehen?**
ABSTRACT	Eine kollektive künstlerische Arbeit zum Thema Gender, filmisch umgesetzt. Im Mittelpunkt steht die Methode zur Untersuchung unbewusster Haltungen: Die Autor*innen entwickeln fiktive Personae, welche ihre eigenen Glaubenssätze bezüglich ihres Geschlechts verkörpern, und nehmen diese in einem Improvisations-Rollenspiel selber ein. Umrisse einer Personifikation von verinnerlichten Stereotypen gewinnen durch das spontane und intuitive Ausspielen an Substanz und werden greifbar. Der auf Selbsterkenntnis basierende Forschungsprozess bildet die Grundlage einer Geschichte.
BESCHREIBUNG	In einer Gruppe von fünf Personen legen wir unsere verinnerlichten Genderstereotype, die uns im eigenen Leben tangieren, auf den Tisch. Wir lassen daraus fiktive Charaktere entstehen, die wir anschliessend selber einnehmen, und lassen sie so intuitiv und unkontrolliert wachsen. In einem Raum, gewissermassen entkoppelt von sich selbst und frei von unserem Selbstbild, welches wir normalerweise so vehement verteidigen, finden verborgene Glaubenssätze eine Verkörperung und Sichtbarkeit. Wir können unsere Angst davor verlieren, sie entwirren, sie einordnen, vielleicht sogar uns selbst darin finden, relativieren und uns davon emanzipieren. Aus den Erkenntnissen dieses Prozesses entstehen eine Geschichte und ein Film.

«Fiktion und Realität stehen in unendlicher Wechselwirkung zueinander.»

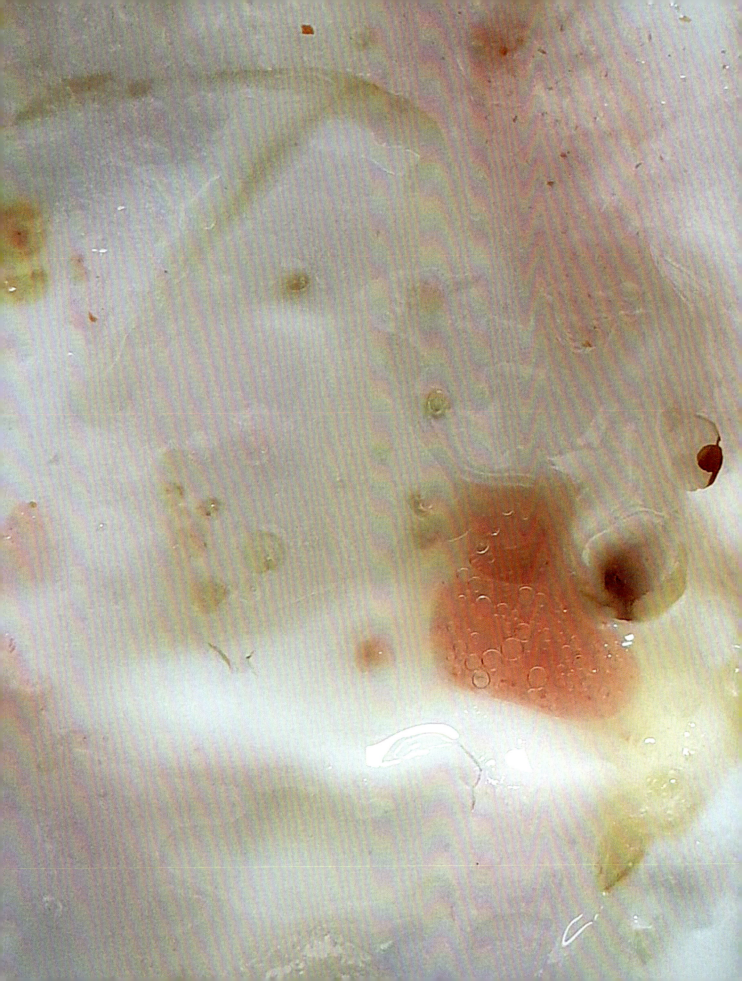

MATTHIAS BÖTTGER

Vorwort

Wie können wir zusammen leben? Diese Frage steht hinter vielen Projekten und Diskursen am Institut HyperWerk der Hochschule für Gestaltung und Kunst FHNW in Basel. Ob in Gerechtigkeitsdebatten, bei Nachhaltigkeit, Teilhabe, Ernährung, Digitalisierung, Migration oder Pflege – dieses «Zusammen-Leben» scheint nicht so einfach zu sein. Gerade deshalb besteht darin die zentrale Herausforderung für Gegenwart und Zukunft.
Mittlerweile zucke ich bei dem WIR schon zusammen. Wer ist damit gemeint? Sind es wirklich wir alle? Alle Menschen? Was ist mit den Unterdrückten und Marginalisierten? Was ist mit den Tieren, den Pflanzen und den anderen Lebewesen? Vielleicht auch den künstlichen Wesen und den Nichtlebewesen? «Verändern werden sich unsere Gesellschaften vor dem Hintergrund ihres nicht-nachhaltigen Stoffwechsels mit der aussermenschlichen Natur auf jeden Fall; die Frage ist nur, ob *by design* or *by disaster*.» (Bernd Sommer/Harald Welzer 2017. S. 27)
Wer gestaltet diese Veränderungen? Wir, die Studierenden und Lehrenden am HyperWerk versuchen es und üben uns in prozessualer Gestaltung. Gestaltung ist dabei praktisch, 1:1, massstabslos, aber gleichzeitig transdisziplinär und theoretisch fundiert, ohne direkt einem Produkt, einem Material oder einem Beruf zugeordnet zu sein. Unter dem aktuellen, vom 18. Jahrgang des HyperWerks zusammen mit Max Spielmann verantworteten Jahresthema «Verbinde die Punkte – Doing Care», unter dem Jahresthema «Wir halten Haus» des 17. Jahrgangs mit Catherine Walthard und Laura Pregger aus dem letzten Jahr, sowie zukünftig unter dem Arbeitstitel «Glück und Konflikt» suchen und erproben die Studierenden Nischen, Möglichkeiten, Optionen und Freiheiten für das Zusammenleben auf der Erde.

«Doing Care» schliesst ein, dass wir uns um das HyperWerk kümmern müssen. Ohne Selbstrettung keine Weltrettung. Im Jahr 2019 wird das HyperWerk 20 Jahre alt, und die unten aufgezählten Transformationsfelder sind für ein zukunftsfähiges Zusammenleben, Zuhören und Lernen in den nächsten 20 Jahren weiterhin relevant. Gestaltung muss als Care-Arbeit verstanden werden. «Assuming general agreement that architecture [design] is indispensable to the continuation of human life, and assuming further that humans are part of the environment they inhale, ingest and inhabit, architecture [design], written purposefully and decisively with a small a [d], is a most crucial practice of care for earthly survival.» (Elke Krasny. S. 41)
Mir scheinen dabei drei Schlagwörter fürs HyperWerk besonders relevant: Planetarische Grenzen, Gerechtigkeit und Digitalisierung. Alle drei sind potentiell disruptiv. «You can choose your metaphor. You can't choose your planet, which is the only one any of us will ever call home.» (David Wallace-Wells 2019. S. 228)
Das Zusammenleben auf der Erde ist von planetarischen Grenzen und Stoffflüssen abhängig und durch den anthropogenen Einfluss auf Klima, Biodiversität, Versauerung, Stickstoff- und Wasserhaushalt etc. gefährdet. Dabei von einer Krise zu sprechen ist euphemistisch, da eine Krise impliziert, sie könnte überwunden werden. Aber in menschlichen Zeitdimensionen wird die Menschheit mit diesen Herausforderungen permanent leben müssen. «Das

Anthropozän könnte einer anderen geologischen Epoche nur nach unserem Verschwinden von der Erdoberfläche Platz machen. Unsere Gegenwart ist das Anthropozän; es ist unsere Zeit.» (Deborah Danowski/Eduardo Viveiros de Castro 2019. S. 11)

Gerechtigkeit ist das zweite grosse Problem: Unser Zusammenleben ist weiterhin von Diskriminierungen und Unterdrückung, von Sexismus, Klassismus, Rassismus und Nichtteilhabe geprägt und bedroht. Es sind meistens die Privilegierten, die die Regeln setzen und durchsetzen. Zukünftiges oder gegenwärtiges Zusammenleben aus einem der privilegiertesten Flecken der Erde, aus Basel heraus zu entwickeln, muss also Anlass sein, die eigenen Denkmuster, Ideen- und Wissenssysteme einer kritischen Analyse zu unterziehen. «It matters what ideas we use to think other ideas.» (Marilyn Strathern. 1992. S. 10) Dabei ist es notwendig, die Komfortzone zu verlassen und festzustellen, dass die essenziellen und zu bewahrenden zivilisatorischen Errungenschaften wie Rechtstaatlichkeit, Demokratie, Gleichheit und Freiheit nicht für alle erfüllt sind. Spätestens beim queerfeministischen Streik in der Schweiz 2019 wurde das sichtbar. Weiteres Hinterfragen und intensives Zuhören sind wichtig, um alle zu Gehör zu bringen. «...» und die Aufgabe, vor die er uns auch heute stellt, besteht nicht darin, das autistische ‹Für-sich-selbst-Sprechen› der einzelnen Subjekte zu verstärken, sondern vielmehr darin, ihr gemeinsames Schweigen zu hören.» (Hito Steyerl 2007)

Drittens: Fortschreitende Digitalisierung und die Möglichkeit, mit digitalen Werkzeugen zu gestalten, waren ausschlaggebend für die Gründung des HyperWerks im Jahr 1999. Und die Digitalisierung nimmt bis heute immer weiter Fahrt auf. Allerdings sind die Euphorie des Beginns und die Hoffnungen auf mehr Freiheiten durch digitale Vernetzung und Ermächtigung stark getrübt durch die hyperkapitalistische Ausformung der aktuellen Plattformökonomien und Überwachungsstrategien. Es ist also für das Zusammenleben wichtig, die Möglichkeiten und Chancen der Digitalisierung zurückzuerobern und das disruptive Potential dieser scheinbaren Entstofflichung mit den anderen Transformationsbewegungen zusammenzudenken.

Diese Themenfelder dürfen nicht separat, sondern müssen jenseits der überkommenen Dichotomien von Natur und Kultur, Technologie und Gesellschaft, digital und analog gedacht werden. Passend zu «Verbinde die Punkte» haben die Studierenden gemeinsam mit Ralf Neubauer Donna Haraways Buch «Staying with the Trouble» gelesen. «The task is to make kin in lines of inventive connection as a practice of learning to live and die well with each other in a thick present. Our task is to make trouble, to stir up potent response to devastating events, as well as to settle troubled waters and rebuild quiet places [...] learning to stay with the trouble of living and dying in response-ability on a damaged earth.» (Donna Haraway 2016. S. 1 f.) Dieses verweigernde «I would prefer not to» war wichtiger Teil des Jahresthemas und spiegelt sich auch in Karin Harrassers kongenialer Übersetzung des Titels «Staying with the Trouble» als «Unruhig bleiben» wider.

So verlockend es ist, die Punkte final zu verbinden und dem Ganzen EINEN Sinn zu geben, so sehr möchte ich sagen, *Nein!* Ein «holistisches» Weltbild oder Narrativ kann sehr schnell geschlossen und dogmatisch werden, egal ob als Glaubenssystem, Weltuntergangsszenario oder Realitätsleugnung.

Bleibt unruhig!

LITERATUR
Danowski, Deborah/Viveiros de Castro, Eduardo. 2019. In welcher Welt leben? Ein Versuch über die Angst vor dem Ende. Matthes & Seitz, Berlin
Haraway, Donna. 2016. Staying with the Trouble. Making Kin in the Chthulucene. Duke University Press, Durham
Krasny, Elke. «Architecture and Care». In: Fitz, Angelika/Krasny, Elke. 2019. Critical Care – Architecture and Urbanism for a Broken Planet. The MIT Press, Cambridge
Sommer, Bernd / Welzer, Harald. 2017. Transformationsdesign – Wege in eine zukunftsfähige Moderne. Oekom-Verlag, München
Steyerl, Hito. 2007. «Die Gegenwart der Subalternen». In: Gayatri Chakravorty Spivak. Can the Subaltern Speak? Postkolonialität und subalterne Artikulation. Turia + Kant, Wien.
Strathern, Marilyn. 1992. Reproducing the Future. Routledge, Manchester UK
Wallace-Wells, David. 2019. The Uninhabitable Earth. Tim Duggan Books, New York City

Von: BIGBANG

Bist du hier?
NEIN, dort.

DINI MUETTER

Nach: ZUKUNFT

NAME	**Philip Vlahos**
PROJEKTTITEL	**INT(h)E(i)RACTION: 3D-Design als Wissensproduktion**
KEYWORDS	**Immersion, Simulation, Interaktion**
FRAGESTELLUNG	**Welche Art von Wissen kann ich mit 3D-Design produzieren?**
ABSTRACT	Immersive Gestaltung mittels 3D-Design entwickelt sich zu einem immer präsenteren und zugänglicheren Medium. Die digitale Niederschwelligkeit von Open-Source-Programmen wie Blender, die steigende Verfügbarkeit von Rechenleistung und die hyperreale Bilderflut in Kommunikationsnetzwerken sorgen für ein immer breiteres Spektrum an gestalterischen Möglichkeiten. INT(h)E(i)RACTION untersucht 3D-Design als Medium sowie die Wissensformen, die damit produziert und ermöglicht werden.
BESCHREIBUNG	Wenn wir Medien konsumieren, tun wir dies meist mit dem Ziel des Erkenntnisgewinns. Dabei verfügen unterschiedliche Medien über divergierende Wirkungen und unterstützen verschiedenartige Wissensformen. Insbesondere rechnergestützte, perspektivische Bildgestaltung ruft durch ihre Simulation von Räumlichkeit und Bewegung ein intensiveres Erlebnis bei dem*r Betrachter*in hervor. Mit INT(h)E(i)RACTION nähere ich mich dem 3D-Design als Medium theoretisch und praktisch an. INT(h)E(i)RACTION umfasst eigene künstlerische Experimente im Bereich 3D-Design, Auseinandersetzungen mit Wissens- und Medientheorien sowie auf dieser Basis eine kritische Interpretation meiner gestalterischen Arbeiten. Meine künstlerischen Arbeiten bilden durch die Anwendung von für mich weitgehend neuen Gestaltungsprogrammen und -mitteln wie Blender, Processing, Motion Capture, Virtual Reality und Rendering im Rahmen von immersiven Installationen eine Annäherung an das Unbekannte. Den gestalterischen Prozess verstehe ich als Teil einer organischen Einheit mit dem Endprodukt. Durch die Beobachtung und Sichtbarmachung meiner Gedankengänge erhoffe ich mir, mögliche Umgangsformen mit dem Medium 3D-Design zu erschliessen.

«*Wir leben in einer Simulation.*»

HEIDRUN FRIESE

‹Besorgte› Bürger online

Im Mai 2015 habe ich mich unter anderem Namen im Leserforum von Zeit-Online angemeldet und den ersten von 505 Kommentaren zu Migration/Mobilität und Seenotrettung im Mittelmeer gepostet. Digitale Räume sind ein Erscheinungsort der Gegenwart und ich wollte nachvollziehen, wie im Kontext des Erstarkens von rechtsnationalen, rechtsradikalen Bewegungen diese Fragen verhandelt werden. Insbesondere die Befindlichkeiten derjenigen, die als ‹besorgte› Bürger gelten, (sich) zur bürgerlichen Mitte zählen, schienen aufschlussreich, um die derzeitigen politischen Veränderungen ermessen zu können (Friese 2019). Woran, so auch die Frage, ist diese ‹Sorge› ausgerichtet? «Haben Sie bei Ihrer Wohnung/Ihrem Haus eine Haustüre, welche Sie verschliessen? Haben Sie vielleicht sogar einen Türspion oder eine Gegensprechanlage, um sich davon zu überzeugen, wer in Ihre Wohnung möchte?»[1]
«[...] Davon abgesehen bedeutet Handel nicht, dass ich Millionen Armutsmigranten aufnehmen muss. Bieten sie Ihrem Bäcker und Frisör auch Ihre Wohnung an?»[2]
«[...] Was im Einzelnen am Entscheidungskriterium Eigenwohl scheitert, gilt selbstverständlich auch für eine Gemeinschaft, einen Stamm oder die Nation. Auch hier ist ein Eigenwohl erste Priorität und Basis der akzeptierten Solidargemeinschaft»[3]
«[...] Wenn diese Ihr Mobiliar zerstören, Ihre Frau betatschen oder dergleichen – lassen Sie sie immer noch bei Ihnen wohnen und geben Ihnen weiterhin von ihrem Einkommen? Falls nicht, sind Sie ein Rassist?»[4]

«[...] Selbstverständlich müssen gerade ‹Flüchtlinge› aus Marokko und Tunesien ohne Wenn und Aber von ihren Staaten zurückgenommen werden. Ich habe dieses Jahr Urlaub in Marokko gemacht und konnte dort keinen Krieg beobachten»[5]

Die Lektüre dieser Posts macht zum einen den alltäglichen Mikrorassismus deutlich. Zum anderen zeigen sie, dass Gefühl und Subjektivität – die das «Ich», seine Beobachtungen absolut setzen – auch Folgen für das Verständnis von privatem und politischem Raum zeigen. Die politische Sphäre umfasst herkömmlicherweise die Deliberation über das, was gemeinsam ist. Mit Aristoteles beruht der politische Raum klassischerweise auf der Trennung von *oikos* und *polis*, der Ordnung des Hauses, der Hauswirtschaft, und der des politischen und öffentlichen Raumes, des Privaten und des Öffentlichen. In den Debatten über Migration werden diese Sphären nicht nur vermischt, vielmehr stimmen sie überein. Wenn die Vorstellungen von politischer Gemeinschaft an die Sorge um Haus und Hof, Tür, Tor und Gegensprechanlage ausgerichtet sind und dem Besorgen der Hauswirtschaft entsprechen, können Einwände und Argumente nicht gelten. Auch kann man davon ausgehen, dass der digitale Raum – in dem das bislang im Privaten gehütete intime Geheimnis veröffentlicht und dem öffentlichen Urteil preisgegeben wird, den politischen Raum und das klassische Verständnis von Öffentlichkeit verkehrt und revolutioniert hat. Was hier deutlich wird, ist, dass Beurteilungskriterien sich aus dem subjektiven, eigenen Erleben, Besorgnissen, Befindlichkeiten und der Ordnung des Hauses, der unmittelbaren Sorge um die private Umgebung speisen, über die man noch ungefähren Überblick und Herrschaft hat. Nicht das Allgemeine ist hier relevant, vielmehr zählt das verallgemeinerte Partikulare. Es ist gleichsam vorpolitisch, speist sich aus dem unmittelbaren Besorgen, dem, was Martin Heidegger das «Man» genannt hat (1984, S. 126–130, §27). Aus dieser Ordnung erwächst auch ein eingeschränktes, abgestecktes Verständnis des politischen Raumes, das an dieser Analogie ausgerichtet ist. Keinesfalls ist dieses Verständnis kosmopolitisch, kann es auch gar nicht sein, wenn die Welt nach dem Vorbild des eigenen Heims, der Hausordnung, seinen Regeln und Grenzen eingerichtet ist: Der politische Raum und die Frage danach, wie wir gemeinsam zusammenleben wollen, wird dann analog zur alltäglichen Sorge, eben dem alltäglichen Besorgen gedacht und an ihm ausgerichtet. Nun hat Martin Heidegger gezeigt, dass die Sorge des alltäglichen Daseins, das «Man» und seine Seinsweisen, durch «Abständigkeit» gekennzeichnet ist. «Im Besorgen dessen, was man mit, für und gegen die Anderen ergriffen hat, ruht ständig die Sorge um den Unterschied gegen die Anderen, es sei auch nur, um den Unterschied gegen sie auszugleichen, sei es, dass das eigene Dasein – gegen die Anderen zurückbleibend – im Verhältnis zu ihnen aufholen will, sei es, dass das Dasein im Vorrang über andere darauf aus ist, sie niederzuhalten. Das Miteinandersein ist – ihm selbst verborgen – von der Sorge um diesen Abstand beunruhigt, existenzial ausgedrückt, es hat den Charakter der Abständigkeit.» (Heidegger 1984, S. 126, Hervorh. im Original).

Heidegger weiter: «Die genannte Tendenz des Mitseins, die wir die Abständigkeit nannten, gründet darin, dass das Miteinandersein als solches die Durchschnittlichkeit besorgt. Sie ist ein existenzialer Charakter des Man. Dem Man geht es in der Durchschnittlichkeit dessen, was sich gehört, was man gelten lässt und was nicht, wem man Erfolg zubilligt, wem man ihn versagt. Diese Durchschnittlichkeit in der Vorzeichnung dessen, was gewagt werden kann und darf, wacht über jede sich vordrängende Ausnahme. Jeder Vorrang wird geräuschlos niedergehalten. [...] Die Sorge der Durchschnittlichkeit enthüllt wieder eine wesenhafte Tendenz des Daseins, die wir die Einebnung aller Seinsmöglichkeiten nennen» (Heidegger 1984, S. 127).

Das alltägliche Dasein, das «Man» ist also durch «Abständigkeit», «Durchschnittlichkeit» und «Einebnung» gekennzeichnet. Dieses Man der Öffentlichkeit – man sagt, man tut, man ist der Meinung – entlastet zwar, es verfehlt sich aber auch ständig. Ich bin nicht Ich, «im Sinne des eigenen Selbst, sondern die Anderen in der Weise des Man» (Heidegger 1984, S. 129).

Die Sorgen der ‹besorgten› Bürger, die sich alltäglich und mikrorassistisch gegen Andere, gegen mobile Menschen richtet, sind in diesem Sinne an diesem Man, dem Dasein, seinen Seinsweisen und der alltäglichen Ordnung des *oikos* ausgerichtet. Es geht dieser Sorge aber auch und gerade um den Erhalt einer als stabil gedachten häuslichen Ordnung und die Abwehr von Dissens, der sich gegen die alltägliche Einrichtung im Man richtet.

LITERATUR

Friese, Heidrun. 2019. Der Fremde als Feind. Mikrorassismus Online. In: Heidrun Friese/Marcus Nolden/Miriam Schreiter (Hg.). Alltagsrassismus. Theoretische und empirische Perspektiven nach Chemnitz. Transcript Verlag, Bielefeld. (erscheint im August).

Heidegger, Martin. 1984 [1927]. Sein und Zeit. Max Niemeyer Verlag, Tübingen.

1 https://www.zeit.de/politik/ausland/2018-07/einreise-oesterreich-gernzkontrollen-brenner?cid=21108896#cid-21108896, 15.03.2019

2 https://www.zeit.de/politik/ausland/2018-10/italien-riace-dorf-fluechtlinge-buergermeister-umzug?cid=22587209#cid-22587209, 13.07.2019

3 https://www.zeit.de/kultur/2018-07/fluechtlingspolitik-abschottung-seenotrettung-moral-politik-essay?cid=21379721#cid-21379721, 13.07.2019

4 https://www.zeit.de/gesellschaft/zeitgeschehen/2018-12/migration-einwanderung-ablehnung-pew-institut-umfrage?cid=23198167#cid-23198167, 13.07.2019

5 https://www.zeit.de/politik/ausland/2018-08/libyen-migranten-eu-human-rights-watch-interview?cid=21622899#cid-2162289, 13.07.2019

LUCA SCHINDLER

Tramtagebuch

48

Das Tram war für mich nie das reizvollste Fortbewegungsmittel, um durch Basel zu kommen. Doch eines Tages wurde mein Fahrrad gestohlen. Seither war ich gezwungen, das »Trämli« häufiger zu benützen. Zu Beginn einfach nur, um von A nach B zu gelangen. Doch als ich verstanden hatte, dass das Tram ein Raum mit hoher sozialer Durchmischung bildet, begann mich dieser fahrende Raum zu interessieren. Allerlei Linien habe ich befahren und ein Tramtagebuch geführt:

ZWINGLIHAUS, 7:44, LINIE 16

Die Morgensonne flutet ins Tram. Auf dem Asphalt zeigen sich Schattenspiele aus Passagierköpfen und Bäumen.

DENKMAL, 19:32, LINIE 15

Für ein paar Minuten nehme ich mir die Zeit, bewusst zu schauen, was mich eigentlich bei verbringen, doch ehe ich mich entschieden habe auszusteigen, zieht mich das Tram in die nächste Welt. Ich kann mich gleichzeitig in Clash of Clans oder einem Tedtalk befinden, in einem Viererabteil mit einer Familie sitzen und dabei durch das ländliche Dornach fahren. Ich bin dort aber niemals richtig hier.

LEIMGRUBENWEG, 8:02, LINIE 16

Eine Gruppe schreiender Kinder strömt gerade aus den Türen. Kaum sind die Türen wieder zu, macht die Chauffeuse eine Ansage: «No wäge vorhär, zu dr Situation ufem Jakobsbärg, ich find das völlig in Ornig, dass ihr euer Sitzrächt iforderet. I gseh jedi einzelni Abteilig, jedi einzelni Sitzgruppe bi mir ufem Bildschirm, und me muess drzue eifach sage, wenn me e Notbrämsig mien mache, sin jüngeri Chnoche halt stabiler als so ab vierzig, fufzig uffwärts.» Nach einer Haltestelle, die zweite Ansage:

«Und wender jetzt meinet, Kindr sin blöd, de muess i euch enttüsche, i bi notabene Mueter vomne wunderbare Lehrer.»

RODERSDORF, 17:10, LINIE 10

Das Tram schlängelt sich ruhig durch die ländliche Gegend, ich höre nur die Reibung der Schienen und das Blättern der 20-Minuten-Zeitungen.

HÜNINGERSTRASSE, 15:32, LINIE 11

Auf dem Weg nach St. Louis, als ich mich langsam an meiner Hobby-Anthropologie und meiner Reiselust erfreue, bemerke ich, dass es nicht für alle so einfach ist, sich frei zu bewegen. Als weisser, Schweizerdeutsch sprechender Mann muss ich mich bei der Grenzkontrolle kaum fürchten. Grenzpolizisten in Zivil schauen kurz auf meinen Ausweis und die Sache ist in Ordnung. Bei meinem Sitznachbarn, der als «arabisch aussehend» beschrieben werden kann, werden Fragen gestellt. Wo warst du? Was hast du in der Schweiz gemacht? Arbeitest du hier? Sein provisorischer Ausweis wird fotografiert und mit der Datenbank abgeglichen. An der Schweizer Flüchtlingspolitik hat sich seit dem Zweiten Weltkrieg kaum etwas geändert. Individuen werden als Flüchtlinge geduldet, jedoch nicht als Menschen respektiert.

jeder Tramfahrt, von den Bildschirmen herab, passiv beflimmert:
«Büsi Mimi wurden die Schnurrhaare abgetrennt»
«Hofman räumt Schuld ein»
«Instagram Account of the day»
«Per App ins nächste freie Parkhaus»

HALTESTELLE DORNACH, 16:30, LINIE 10

Zwei Teenies schreien: «Hey di Tramchauffeuse isch sonä Arschloch, ih ha grad druggt und denn fahrt si eifach ab, jetzt miemer sibe Minute warte.»

MÜNCHENSTEIN DORF, 17:10, LINIE 10

Ein Mann Mitte fünfzig mit leicht fettigem Haar, er sieht etwas einsam aus, hält sich an der Stange fest, trägt einen Plastiksack bei sich, auf dem die Aufschrift «Modelleisenbahnclub» prangt. Oben schaut eine Fertig-Pizza heraus.

FLÜH BAHNHOF, 18:44, LINIE 10

In wie vielen Welten man doch gleichzeitig im Tram sein kann. Mit der Linie 10 zum Beispiel, der längsten Tramlinie Europas, fährt man durch drei Kantone und zwei Länder, durch Urbanität und Ländlichkeit. Ich fahre an Welten anderer Menschen vorbei, ohne daran teilzunehmen. So auch an dem Alkoholiker, der oft mit rotgeschwollenem Gesicht vor einer Kirche sitzt. Eigentlich wollte ich immer mit ihm Zeit

MUSICAL THEATER, 15:45, LINIE 14

Auf den Bildschirmen flimmert Werbung – und Journalismus, der mit zwei Sätzen auskommt. Während ich berieselt werde, starren die Augen der Kameras mit stets geöffneten Pupillen auf mich. Irgendwo flimmern nun Aufnahmen von mir auf wildfremden Bildschirmen. Ich frage mich wer wohl darauf Zugriff hat. Ich fühle mich unfrei beim Gedanken, dass mich jemand jetzt gerade beobachten könnte.

BAHNHOFEINGANG GUNDELDINGEN, 17:45, LINIE 16

Eine Frau versucht mühselig, einen Doppelkinderwagen in der Menschenmenge zu platzieren.

MUSIKAKADEMIE, 13:30, LINIE 3

Statt einer elektronischen, kühlen Stimme singt hier plötzlich der Tramchauffeur mit warmherziger Stimme den Namen der Station: «M u s i k a k a d e m i e»
Ich denke, die Tatsache, dass wir so wenig miteinander interagieren, ist sicher auch der Architektur des Raums geschuldet. Diese gelben sinnentleerten Boxen, die einen elektronisch durch die Stadt ziehen, schaffen keine Nähe. Anders ist es beispielsweise, wenn ich in abgetrennten Abteilen der Deutschen Bahn fahre. Dann führe ich dort fast jedesmal Gespräche, weil ich mich da einfach verbundener mit

DREISPITZ, 11:55, LINIE 10

Eine etwa 90-jährige Frau stupst mich an und fragt:
«Gällä Si, s'Heilsarmeebrocki isch immer no bi dr Haltstell Dreyspitz? Wüsse Si, i bi ebe sit 16 Joor nimme do gsi, jä sit mi Mah verstorbe isch.»

ZUM PARK, 20:04, LINIE 14

Hier werden Menschen anders als etwa im Zug in der 1. und 2. Klasse nicht getrennt. Man muss einander begegnen oder sich zumindest aushalten. So hält sich der Döner essende, In-Ear-Bluetooth tragende Jugendliche an der gleichen Metallstange wie «de Daig». Die Nonne und der Bauarbeiter sitzen nebeneinander. Baseldeutsch ist nicht Standardsprache im Tram. Vielmehr höre ich hier ein lyrisches Potpourri. Von Tamilisch bis Deutsch, von Amharisch bis Englisch, Französisch und Türkisch, alles ist vermengt.

NEUBAD, 17:00, LINIE 8

Der Jugendliche neben mir hört so laut Reggaeton, dass ich locker «mitviben» könnte. Die Frau links neben mir sortiert bunte Juwelen auf ihrem iPhone.

BANKVEREIN, 13:30, LINIE 15

Ich habe mir gerade eine herrlich duftende Käse-Spinat-Crêpe gekauft. Und während ich

meine leckere Speise innig zu verschlingen beginne, bremst das Tram abrupt ab. Ich sitze direkt hinter der Kabine der Chauffeuse. Sie steigt wütend aus Ihrer Kabine und spricht mich mit lauter und gereizter Stimme an: «Es isch verbote im Tram z'ässe, I schmeck dä Chääs bis zu mir in d'Kabine, bitte gönsi use oder anne andere Ort go ässe, danke.»
Sie wirft die Türe hinter sich zu und fährt weiter.

ST. JAKOB, 13.35, LINIE 14

Ein magerer Mann, so Mitte vierzig, geht nervös-schnell im Tram auf und ab. Er telefoniert laut und sagt dabei wirre und unzusammenhängende Dinge. Ich merke, dass die anderen Passagiere sich Mühe geben, den Mann nicht anzublicken – sie wollen wohl nicht in eine peinliche Diskussion reinrutschen.

MARKTPLATZ, 9:00, LINIE 6

Zwei Frauen mittleren Alters führen ein Gespräch:
«Ja dä Flying Tiger isch günstig – Ja dä isch günstig – Das isch ebe sone Lade do merksch erscht wennde dinne bisch dases brucht hesch.»

den Menschen fühle, ohne sie wirklich zu kennen. Ich behaupte, dass die Leere des Trams einem erlaubt, das Tram neu zu gestalten. Was, wenn wir unsere Rollen neu definieren? Wenn wir uns nicht nur als Passagiere sehen, die sich fortbewegen wollen, sondern als Reisende, die Menschen begegnen und sich dafür interessieren, wer sie sind. Wie können andere Verhaltensmuster im Tram etabliert werden? In einer Kleinstadt in Finnland muss man kein Ticket bezahlen, wenn man ein Buch liest. Ich denke auch an die Aktion von Manuel und Valentina vom HyperWerk, die einmal Reisende im Zugabteil mit Kaffee und Gipfeli beschenkten und so die gewohnte Struktur aufgebrochen haben. Die Leere schafft Raum für Ideen.
Wie wäre es, das Tram als Wohnzimmer zu denken?

FINN STEFFENS

Sozialbau-siedlung

Zwei Häuser verbindet eine von gepflasterten Wegen durchzogene Wiese, es stehen Bänke an den Seiten und eine Tischtennisplatte auf einer Kiesfläche. Dieser Ort ist leer an Menschen. Die Geräuschkulisse wird dominiert von den umliegenden, aber nicht direkt angrenzenden mehrspurigen Strassen, während gleichzeitig die Blätter der auf dem Platz stehenden Bäume angeregt vom Wind rauschen; die Sonne scheint auf viele Stellen der Wiese und die Bäume werfen Schatten. Ein vielleicht dreijähriges Mädchen kommt auf einem Roller um eine Hausecke gefahren, stellt diesen sogleich ab und fährt mit einem Laufrad weiter. Einige Minuten fährt es scheinbar ziellos über die Wege zwischen den Häusern. Währenddessen verlassen in kurzen Abständen von wenigen Minuten vereinzelt Menschen das Haus und bewegen sich aus dem Sichtfeld oder erreichen andersherum den Platz und gehen ins Haus. Sie sind allein, zu zweit und auch mit Kindern, ihr Alter und Geschlecht ist divers. Mittlerweile hat das Mädchen sein Laufrad abgestellt und ist ebenfalls hinein verschwunden. Manche Menschen gehen zwischen den Häusern hin und her, sie bleibt jedoch die einzige, die an diesem Ort verweilt.

Ein älterer Mann erntet letztes Gemüse vor dem näherkommenden Herbst in einem kleinen umzäunten Garten, gerade ein paar Schritte um die Ecke. Er wohnt seit 50 Jahren hier, seit nunmehr 15 führt er die Ansammlung von Beeten und Stauden. Wo diese sich zuvor in voller Breite über die angrenzende Wiese erstreckten, bleiben jetzt wenige Quadratmeter Raum. Immer neue Nachbarn hatten immer weniger Interesse, selbst Lebensmittel anzubauen. Ausnahmen gibt es immer. Die daraufhin als Blumenwiese versprochene transformierte Fläche bietet nun Platz für einige Büschel Gras und festgetretene Erde. Zu viele Versprechungen erweisen sich erneut als halt- und inhaltslos, von Menschen, die man nicht kennt und die einen noch weniger kennen – zu kurzfristig geplant, wohl aus mangelndem Interesse für Visionen.

Dieser Garten erweckt den Eindruck einer letzten Zuflucht einer Gemeinschaft. An diesem Ort zu sein, doch wozu Initiative ergreifen, wenn nach allem doch alles so bleibt, wie es von Anderen erdacht wurde? Mit wem auch, wenn jedes Interesse für gemeinsames Handeln erlischt? Hat es das jemals gegeben? Gibt es das noch immer? Woanders? Verschieben sich die Perspektiven mit voranschreitenden Lebensrealitäten? Sicher ist, dass das, was bleibt, die Negierung jeder Partizipation an diesem Ort und in diesem Quartier ist. Wenn eigene Einschätzungen und elaborierte Meinungen sich selbst aberkennen, entstehen Bilder der Entscheidungsträger*innen im Negativ des Selbst. Wenn ich es nicht bin, bist du es? Die Aversion sucht und findet doch ihren Platz in den Gesprächen untereinander, doch deren Kontext und Bühne verändert sich nicht. Es kommt niemand, um dies zu ändern, Fragen zu stellen, Lücken zu lassen und Möglichkeitsräume zu eröffnen. Wirst du es sein? Was studierst du nochmal?

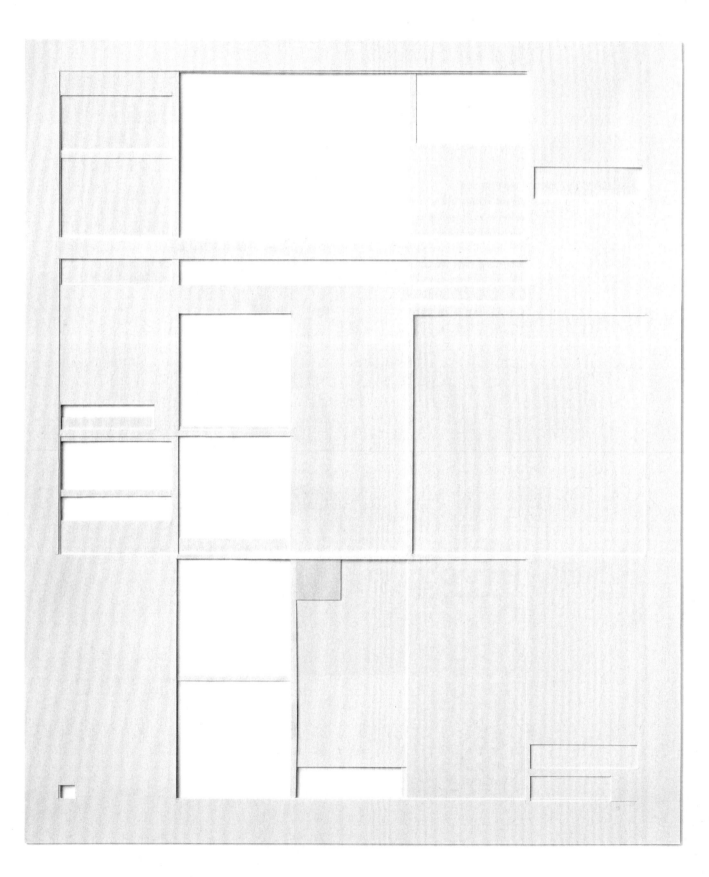

ANDREA ITEN

Geistesblitz und Imagination

60

Wo sind die Orientierungspunkte in Denkwelten, die sich zwischen Bücherdeckeln auftun, ausbreiten und modellhafte Fragen evozieren? Kann der Begriff Abstraktion stellvertretend für Zeitkapseln und schwebende Gebilde als eine Tektonik des Denkens verstanden werden? Schicht für Schicht, Bild um Bild, Millimeter für Millimeter?

«Marginalia» nennt die Buchgestalterin Anja Lutz[1] Leerstellen, die sie fein säuberlich aus Buchlayouts herausfiltert. Ihr eigenes künstlerisches Werk[2] entsteht, indem sie mehrere weisse Blätter übereinanderlegt, Fenster herausschneidet, Strukturen über die von ihr gestalteten Bücher schafft, visuelle Protokolle herstellt, an Nahtstellen, wo Sehen und Denken ineinander übergehen.

Im sogenannten postindustriellen Zeitalter sind Student*innen des HyperWerks permanent mit Fehlendem konfrontiert. Etwas ist nicht mehr, etwas hat noch nicht begonnen. Das ruft Verunsicherung und Misstrauen hervor. Weshalb lohnt es sich, an etwas dranzubleiben? Sich mit Abstraktion und Abwesendem auseinanderzusetzen? Ist doch die Welt voller Versprechungen. Bits, Bytes und Klicks helfen Löcher zu stopfen, weisse Sites mit wertvollen Pixeln zu bebildern. Sie zu füllen und verhandelbar zu machen. Sich konkreten Aufgaben zuwenden, etwas abarbeiten.

Wie erklärt sich jedoch Fehlendes, Abwesendes? Wonach soll gesucht, was gefunden und womit ergänzt werden? Lohnt es sich, einem leeren, weiss leuchtenden Papier eine Existenz zuzuschreiben? Welche Fähigkeiten braucht es dazu? Wann und wie lassen sich Unterbrüche und deren Spannungsfelder beobachten? Und was geschieht mit den dabei gewonnenen Erkenntnissen? Dazu schreibt Gui Bonsiepe: «Denn ohne ein utopisches Element ist eine andere Welt nicht möglich und bleibt nur Ausdruck eines frommen, ätherischen Wunsches ohne konkrete Folgen, Widersprüche also der Entwurfstätigkeit.»[3]

Acht Studierende des Jahrgangs der Ventis sind so mutig. Sie folgen dem Aufruf, sich mit einem leeren, weissen Blatt zu konfrontieren. Sie betrachten Anja Lutz' «Marginalia» als Aufforderung, sich mit absolut minimalistischen Mitteln ganz elementaren gestalterischen und künstlerischen Fragen zu nähern. Sich etwas auszusetzen, das sie nicht kennen, ganz am Anfang ihres ersten Studienjahres.

Im Yogastudio von Salome Noah schauen acht Augenpaare gespannt auf Illustrationen aus einem Anatomieatlas. Ihr Blick macht sich dort fest, wo das Innere eines Schädels abgebildet ist. Wo sich zeigt, wie und wo sich Auge und Hirn begegnen und bedingen. Unsere Netzhaut enthält etwa 120 Millionen Stäbchen, welche schwarz-weiss-empfindlich sind und zudem 6 Millionen Zapfen, welche die Farben wahrnehmen.

Hinter geschlossenen Augenlidern, das Genick in einem halb gefüllten Gummiball versenkt wiegen sich Köpfe jetzt leicht hin und her, geführt von Händen der Mitstudierenden, die sich in Zweierteams abwechseln. Über Atem, Kopf und Genick sinken die Körper tiefer in die weiche Unterlage ein. Losgelöst vom dauerbebilderten Alltag. Dort, wo normalerweise hingeblickt wird, tauchen zwei dunkle Flecken, Löchern gleich, aus dem Nichts auf. Im Innern des Gesichts, hinter ruhenden Augenlidern, hinter jedem Blick, hinter geschlossenen Wimpern.

Die Hand, die den Stift führt, das iPhone abtastet, die Computertaste klappern lässt und die nächsten berührt, wird Teil eines grösseren Ganzen, so wie das Auge, das Hirn, der Blick. Die Matte, auf die sie sich stützt, ist nicht mehr Peripherie, sondern verbunden mit dem Rest des Körpers. Bis sie sich über Übungen verschiebt, diese Hand, sich partiell davon löst. Aus einem Kontinuum herauswächst. So fühlt sich das an. Diesen Körper, den wir navigieren, steuern, bewohnen und beleben, schreibt sich vermittelnd über unser Denken als Bewegung in den Raum ein. Noch vor jeder Zeichnung, noch vor jedem Bild, jetzt gerade, in der Gegenwart.

Zum «Shavasana»[4] aufgefordert, legen sich die Körper horizontal hin, lassen los. Tiefe Atemzüge hinter verschlossenen Vorhängen. Schlaftrunken von einem leisen Gongschlag die Stunde beenden. Mit den Fahrrädern den Rheinsprung hinuntersausen, flanierenden Tourist*innen ausweichen. Pause.

Sich auf den Boden setzen, wo leere, roh-weisse Blätter ausgelegt sind. Mit Kohlestiften und beiden Händen Bewegungen auf den Untergrund übertragen. Wellenförmig, über wogende Oberkörper und Kreisbewegungen schauen. Muster erkennen, ohne sie zu kommentieren. Forschend zeichnen, zeichnerisch forschen. «Denn die Wissenschaften gehen die Welt aus der Perspektive der Erkennbarkeit an, wogegen die Entwurfsdisziplinen die Welt aus der Erkennbarkeit ansehen»[5], so Bonsiepe. Striche wie Regentropfen, flüchtig hingehaucht. Klopfgeräusche auf Papier. Zwei kühn gezogene Linien, die sich überschneiden. Das Auge, das magisch angezogen hinterherfolgt. Bis zur Kreuzung und zurück. Das macht Zeichnen so attraktiv. Den Linien in mehrere Richtungen folgen und alle Varianten durchspielen. Erkennend blicken. Wie ein Seziermesser einen harten Bleistift ansetzen. Schnitt oder Strich? Noch Tage, Jahre, Jahrhunderte später diesen Verlauf nachvollziehen können. Strich für Strich eine ansehnliche Welt auf Papier erschaffen.

Sich mit der Alumna Lea Leuenberger vor den gusseisernen Toren des Friedhofs Wolfgottesacker versammeln. Mit geschlossenen Augen hinter ihr hergehen. Mit der Hand auf dem Rücken des*der davor gehenden Student*in sich auf den Weg begeben. Kleinste Geräusche registrieren.
Sich mit dem aus 10 Leuten gebildeten Körper die Grabsteine entlangschlängeln, am Weiher vorbei. Es zwitschert, es plätschert, wir hören. Einen aus der Ferne ratternden Zug erkennen. Zwischenhalte.
Mit den Händen Randsteine, Kies und feuchtes Gras ertasten, abgestorbene Blätter berühren. Und immer wieder den warmen, schützenden Rücken vor und hinter uns – über die Hand auf der Schulter mit allen verbunden bleiben: aufmerksam, vertrauensvoll. Selbst Linie und Strich werden. Sich durch das Labyrinth ausdehnen. Am Ende ganz unten an den Geleisen stehen, einen Blick in die Weite wagen.
Lea, die hier als Friedhofsgärtnerin gearbeitet hat, kennt jeden Winkel. Mit einem eigens geschaffenen Reisetool ist sie tagelang auf den Zügen Rajasthans gefahren und kann aus ihrem indischen Fundus schöpfen. Kein Moment ist ihr dabei verlorengegangen. «Chronos» und «Kairos», so erzählt sie, sind versinnbildlichte Lebenszeit wie auch besondere Gelegenheit, etwas beim Schopf zu packen. Im Moment einen Punkt setzen oder eine Linie unterbrechen. Etwas zeichnen, aufzeichnen, um es mäandern zu lassen. Eine Linie entlangfahren. Ziselierte Bündel aus Strichen Papier zu bringen, um sie zu betrachten. «In jener sensiblen Zone hinter Ihrer Stirne ist Ihr persönliches Bildatelier, in dem Bilder sich aus flüchtigen Andeutungen zusammensetzen und die, gerade darum, zum Wachsen neigen. Ob nun in grauer Vorzeit Fixsterne zum Schützen, zur Waage oder zum Bären ‹zusammengedacht› wurden oder ob wir heute in einem unscheinbaren Mauerfleck einen fliegenden Fisch sehen – immer ist das Auge das bildhungrige Organ, das uns die verschiedensten Bilder ausdenken lässt»[6], sagt Peter Jenny dazu.

NO THING WITHOUT BODY

Am Tag darauf schlingen sich Linien wie Lianen. Naturerinnerungen bilden den absolvierten Spaziergang durch den Friedhof auf Papier ab. Jetzt gilt es, den Übungsraum zu erforschen. Keine*r geht wie der, die andere. Es macht einen Unterschied, ob jemand zwei Meter gross ist oder einen Meter sechzig klein. Es macht einen Unterschied, ob geschlendert oder zielgerichtet gegangen wird. Die Gruppe bewegt sich im Kreis. Einer reisst die Arme hoch, alle tun es ihm nach. Ein anderer hebt die Hand zum Schlag. Hände fliegen schräg nach oben, ein Meer von Armen und Beinen flutet den Raum, zerschneidet Luft, sprengt den Rahmen. Eine dynamische Choreografie beginnt, breitet sich aus und führt zu einem Crescendo, bevor sie am Schluss wieder in sich zusammensackt. Eine Studentin unterbricht die Runde, schaltet einen Gang tiefer, nach wie vor Schritt für Schritt hintereinander hergehend. Alle legen sich hin, stehen auf, verbeugen sich, werfen die Hände in die Luft. Eine Herde, ein Tanzkörper, acht Individuen für eine Woche zur Schicksalsgemeinschaft gewachsen. Jemand steigt aus, zwei übernehmen den Lead. Im Proberaum. «In einer von Widersprüchen heimgesuchten Gesellschaft ist auch das Entwerfen und Gestalten von Widersprüchen geprägt»[7], so Bonsiepe.

Jetzt entsteht die Idee, ein Repertoire von Bewegungsabläufen zu zeichnen und zusammenzuführen. In der Mitte des Raumes liegen dicht hingeworfene Spuren aus Graphit. Wer ergänzt sie mit seiner Version von Zeichnung? Wege, Tropfen, Piktogramme, aber auch eben erfundene Tags schildern gemeinsam erprobte Bewegungsmuster. Fügen sich als Teile zu einer Installation zusammen. Sie kritisch umkreisend, einzelne Blätter auswechselnd, wird variantenreich probiert, diskutiert, abgeändert, weggelassen, bis es passt. «Entwerfen bedeutet, sich den Paradoxien und Widersprüchen auszusetzen, sie niemals unter einer harmonisierenden Schicht zu verdecken, und es bedeutet darüber hinaus, diese Widersprüche explizit zu entfalten. Es sei an das harte Diktum von Walter Benjamin erinnert, dass es kein Dokument der Zivilisation gebe, das nicht gleichzeitig ein Dokument der Barbarei ist.»[8] Damit sich alle im Ganzen wiederfinden, sich repräsentiert fühlen, das Handy oder iPhone zücken, das den ganzen Workshop über weggelegt war. Jetzt darf fotografiert werden, diese Arbeit gehört allen, sie soll reproduziert und gezeigt werden: so der gemeinsame Beschluss.

Am nächsten Abend in der kleinen Gruppe mit den Blättern eine Performance aufführen. Nicht aufgezeichnet, einmalig, flüchtig. Bewegungen zu Raschelgeräuschen von Papier, das durch knatternde Laute den Gang durch den Raum begleitet. «Ich kann jeden leeren Raum nehmen und ihn eine nackte Bühne nennen. Ein Mann geht durch den Raum, während ihm ein anderer zusieht; das ist alles, was zur Theaterhandlung notwendig ist»[9], so der Altmeister Peter Brook. Alle Bilder sind als Ganzes vorhanden. Sie bleiben Erinnerung, Zeichnung, Partitur. Und gewonnenes Wissen, dass ein weisses Blatt eine Verheissung ist, eine Herausforderung, ein Lockruf, sich mit allen Sinnen darauf einzulassen, mit – zu – teilen. Etwas in die Welt hinein bewegen. Sich darüber verbinden. Vielfältig, individuell, traumwandlerisch vertraut. Unaufdringlich vorhanden. Da. Ein Bleistift, ein Stück Kohle, ein leeres Papier, ein Raum. Kein Luxus.

Mit bestem Dank an Serena Lehmann, Valentina Merz, Aline Schmid, Pelin Yürer, Fabio Bissinger, Nicolas Dubied, Roland Knubel und Karim Wiesmann. Yoga: Salome Noah, Mapping: Lea Leuenberger

LITERATUR
Bonsiepe, Guy. 2009. Entwurfskultur und Gesellschaft: Gestaltung zwischen Zentrum und Peripherie. Birkhäuser, Basel
Brook, Peter. 1983. Der leere Raum. Alexander Verlag, Berlin

1 Die vorliegende Publikation, wie auch die Publikation «Wir, wir selbst sind die Methode» (2016), sind in Zusammenarbeit mit Anja Lutz entstanden (https://www.anjalutz.com).
2 https://www.thegreenbox.net/de/buecher/marginalia
3 Bonsiepe 2009, S. 18.
4 https://de.wikipedia.org/wiki/Shavasana aufgerufen am 13. Mai 2019.
5 Bonsiepe 2009, S. 17.
6 Peter Jenny, Zeichnen im Kopf, http://www.jenny.arch.ethz.ch/ZiK.html
7 Bonsiepe 2009, S. 23.
8 Ebd.
9 Brook 1983, S. 9.

GERD SULZENBACHER

Half Life (4)

... in einem weissen Häuschen am Rand der Stadt. (Doch) hinter der Scheinidylle kriselt es.

Man kann nicht einmal in Ruhe essen. Warum nicht? Der Himmel ist blau, dem schenkt man Beachtung, eine grössere Gewissheit, aber mehr nicht. In der näheren Ferne, hinter dem Gartenzaun, hinter anderen, weiteren Gartenzäunen steigt eine, zwei, steigen zwei schmale Rauchsäulen, von Grillherden, geradewegs auf in die fast unbewegte Luft.

Im Haus gibt es keine direkten Umwege. Um sich auszustellen, hat sich das Gehör entwickelt, Schlussfolgerungen zu machen, wer sich wo aufhält. Wenn ES kackt, ergibt sich ein anderes Plopp-Geräusch als wenn ER dasselbe tut; wenn er das getan hat, weiss SIE, jetzt, vom mithin verfeinerten Geruchssinn, dass genau ER dort gewesen war und wann; wenn SIE pinkelt, ist das ein anderes Plätschern als wenn ER plätschert und so weiter.

Das Gras im Garten ist sehr gut geschnitten und schaut sehr gut aus, es hat eine gute Länge, das bleibt auch so. Einmal in der Woche, sie haben diesen Termin auf Sonntag Vormittag (11 Uhr) entschieden, spaziert man die vorgegebene Strecke von mindestens 12 km gemeinsam mit dem Klonhund PERCY, oder PERZE. Der Ausflug führt sie über eine lang hingezogene Kurve hinaus aus der planen Vorstadt auf eine Platanenallee, die in den «kleinen» (man weiss es nicht genau) Mischwald führt. Die Prozedur erstreckt sich weiter durch ein Biotop, in welchem Vogelautomaten eine glaubwürdige Lautkulisse bilden, und entlang eines Stegs (die einzelnen Bretter knarzen, auch, einzeln) über ein Gebiet aus Tümpeln um einen künstlichen See.

Man sagt die einfachen Sätze, es gibt, mittlerweile, ein unendliches Repertoire davon. Jeder hat gleichsam Zugriff zu allen, das heisst, Rollenspiele sind möglich, oder besser, waren möglicherweise eine Option, denn das ist länger nicht mehr von Belang. Man sagt, spricht, nein singt vielmehr – spielt ums Spiel, in immer neuen (nie ganz neuen) Varianten ums Bekannte. Manchmal, durch unmerkliche, kleinste Schwankungen in der Witterung, die trotz perfekter Regulierung zustande kommen mögen, oder durch das Knacken des Chitinpanzers eines mechanischen Käfers unter der rechten Vorderpfote des Hundes PERZE, durch eine neue, noch unversuchte Folge von Husten und Rülpsen, Rülpsen Niesen, oder Furzen und Niesen und dann Rülpsen, was weiss ich, ergeben sich geringfügige, doch tatsächlich tragende Verschiebungen des Gesangs des planen Tags, und gewissermassen, in einem grösseren Zusammenhang betrachtet, glorreiche Nuancen des Gesamt-Ablaufs.

NAME	**Tobias Kappeler**
PROJEKTTITEL	**Vistom** **Virtual Studios, Tools and Methods presents Virtual Design Kit**
KEYWORDS	**Virtual Reality, Metallkonstruktionen, digitales Handwerk**
FRAGESTELLUNG	**Wie kann Virtual Reality als Gestaltungstechnologie für Metallkonstruktionen genutzt werden?**
ABSTRACT	Vistom entwickelt innovative Virtual-Reality-Anwendungen, beschäftigt sich mit der visuellen Gestaltung und mit Interaktionen im virtuellen Raum. Das VDK, das Virtual Design Kit, ermöglicht das Entwerfen und Realisieren von Metallkonstruktionen in VR. Mit einem Baukasten aus virtuellen Blechteilen, deren Herstellung auf der Produktionstechnik des Laserschneidens basiert, lassen sich im Drag-and-Drop-Verfahren Konstruktionen erstellen. Während des Konstruierens generiert sich die zum Laserschneiden benötigte Datei.
BESCHREIBUNG	Angesichts der fortschreitenden Automatisierung wird das Handwerk Metallbau in der Form, wie ich es erlernt habe, bald nicht mehr existieren. Die Vorteile von computergesteuerten und autonomen Maschinen verändern herkömmliche Arbeitsprozesse und stellen den Menschen in den Hintergrund. Künftig wird er voraussichtlich nur noch für die Überwachung, Wartung und Bedienung der Maschinen zuständig sein. Um diese Maschinen zu bespielen, müssen entsprechende Daten generiert werden. Nutzer*innen, die sich mit den dazugehörenden Gestaltungssoftwares auseinandersetzen, haben eine hohe Einstiegsschwelle zu überwinden und mit einem erheblichen Zeitaufwand zu rechnen. Das computergenerierte dreidimensionale VR-Umfeld hingegen bietet die Möglichkeit, mit gewohnten Bewegungen Befehle zu erteilen und mit virtuellen Objekten realitätsgetreu zu interagieren. Dies beschleunigt die Lernkurve und bietet sowohl die Gelegenheit, Probleme neu anzugehen, als auch einen einfacheren Zugang zu interdisziplinären Arbeiten zu finden. Das VDK bietet eine zeitgemässe Alternative zum Entwerfen von Metallkonstruktionen und dem Erstellen entsprechender Daten zur Produktion. Beispielsweise lassen sich im virtuellen Umfeld eigene Blechkonstruktionen realisieren und für die entsprechenden Anforderungen konstruieren. Die Gestaltung erfolgt durch vorgefertigte dreidimensionale Bauteile, die sich bei einer Überlagerung mit einem anderen Bauteil magnetisch verbinden lassen. Während des Konstruierens wird die flache Abwicklung der Konstruktion zum Laserschneiden generiert. Ein lokales Laserschneide-Unternehmen erhält diese Konstruktionsdaten direkt aus dem virtuellen Umfeld und stellt die daraus produzierten Teile im flachen Zustand den Nutzer*innen zur Verfügung.

«In Zeiten der Digitalisierung hat VR das Potenzial, zur Demokratisierung von Produktionsdaten, Ideen, Konstruktionen und Infrastruktur beizutragen.»

FIONA AMUNDSEN & DIENEKE JANSEN

The One and the Many: Connecting with and Caring for Each Other

Our workshops — *The One and the Many: Connecting with and Caring for Each Other* — began and ended with two interrelated concepts: connection and care. Our workshops were grounded in the proposition that humans would do well to develop better ways of relating with and to each other through practices that give room for racial, gendered, economic, socio-cultural and political differences. Our workshop title references American theorist Grant Kester's publication — The One and the Many: Contemporary Collaborative Art in a Global Context (2011) — which explores how individual consciousness and collective art making practices can be channelled into a meaningful response to the pressures of our current political climate.[1] At the core of these responses are questions linked to what it means for humans to remain connected and cared for, as well as what such practices look like and involve. This means challenging the legacies of colonial, political and economic violence by developing decolonising practices and ways of living.

In developing these workshops, we were conscious of the geographical distance we needed to travel, as well as the cultural context of HyperWerk itself and the broader Swiss region. We asked ourselves how we could utilise specific Aotearoa New Zealand cultural practices of hosting and guesting to frame socio-political ideas of connection and care. Or, to put it more simply, which practices would enable meaningful connections with students from the other side of the world who spoke different languages to us, and whose lives were infused with different political concerns? How might these practices enable person-to-person connections that are ethically-politically and emotionally-spiritually charged? How do we enact an ongoing care of these connections? How might we consciously connect with experiences that are outside of our own, whilst also leaving room for the political significance of opacity? How might these practices create the possibility of agency for those who speak and those who listen? How might these practices expand capacities for listening, connecting and caring in a manner that activates our rights to politics and our passion for social justice?

Our questions are "linked to processes, practices, protocols, ceremonies [...] and also more expansively, linked to wayfinding, journeying, maturing, evolving, harmonising, integrating, synthesising. All these terms have to do with how things are done and how things happen; how we move from one state to another; how we transform (with all the ambiguity that suggests between passive and active engagement)".[2] At the core of this thinking and doing is a shared ethical responsibility to develop practices that allow for meaningful connections with each other to emerge. However, these practices are not based in simply trying to identify with or comprehend what it might feel like to be socially, racially, or economically marginalised. This type of connection does not involve a conclusive search for understandable narratives, facts and figures. Rather, these practices are grounded in acts that consciously take on board what it means to be a guest to another's stories, experiences, histories, culture and country. These acts are premised on respect, patience — this host-guest relationship resists shortcuts — and listening, which in turn honours those who are hosting and invites others into a relationship. There is an emphasis on verbs such as seeing, loving, public living, uncovering, witnessing, sharing, and building, which ultimately involve connecting with and caring for the lived socio-political realities of each other.

CONNECTION — TUESDAY 13TH – FRIDAY 16TH NOVEMBER 2018

This workshop draws on the Māori concept of *manaakitanga* [hospitality] in relation to Derrida's problematic that 'absolute hospitality', and in turn the relationships between guest and host, is an aporia that is bound in sovereignty that interrupts the self. However, the self is not an island as subjectivity is always relational. We are born into connection with the earth and its living beings. Yet, the last two centuries have been dominated by the struggle to affirm singularity over plurality.[3] How, then, can we '*connect the dots*' that enable relationships between individual attitudes and collective negotiations? Central to such questioning is the notion and belief in respectfully encountering each other as *guest* and as *host* with an attitude of love and the conviction that we can be there for others. Within such thinking we can look to practices that preserve the dignity of all, so that meaningful relationships can develop: we can look to the concept of *whakawhanaugatanga*, which is a process of establishing relationships and relating well to others. In addition to hospitality and intersubjectivity, social politics, histories, ethics, protocols and reciprocity all need careful attention when considering what types of practices bring humans together and what is required to decolonise the document. This workshop focuses on how creative practice can be utilised to respond to such thinking by asking *which types of practices bring humans together*? The learning strategies of this workshop involve student-led reading groups, practical tutorials, technical workshops, critiques, group work and selected assigned readings and image analysis. Students are encouraged to play and test ideas in a supportive, creative environment and to develop innovative processes and concepts. This workshop will offer students an opportunity to explore these ideas through an experimental and collaborative approach, through multi-disciplinary teamwork and individual practice.

CARE — TUESDAY 21ST – FRIDAY 24TH NOVEMBER 2018

This workshop draws on Canadian theorist Erika Balsom's *Frieze* review of the 2018 Turner Prize. Balsom asks if art, and more broadly speaking visual media, can be "a public forum for building [a] common world and reflecting on the struggle of doing so, a place for exploring what draws us together and what holds us apart".[4] Central to such questioning is the proposition that humans would do well to develop better ways of relating with and to each other through practices that give room for racial, gendered, economic, socio-cultural and political differences. Such practices acknowledge that there is a shared ethical responsibility that is grounded in acts of recognising the political significance of human-to-human care. Within such thinking there is an emphasis on verbs such as listening, seeing, witnessing, sharing, trusting, loving and observing, which ultimately reside in caring for the lived socio-political realities of each other. These verbs reside in relationality, thereby producing a "more accountable subject position [that focuses on being] in conversation; connected, in an encounter, in a relationship".[5] This workshop focuses on how creative practice can be utilised to respond to such thinking by asking *what draws us together and what holds us apart?* The learning strategies of this workshop involve student-led reading groups, practical tutorials, technical workshops, critiques, group work, and selected assigned readings and image analysis. Students are encouraged to play and test ideas in a supportive creative environment and to develop innovative processes and concepts. This workshop will offer students an opportunity to explore these ideas through an experimental and collaborative approach, through multi-disciplinary teamwork and individual practice.

1 Kester, Grant H. 2011. The One and the Many: Contemporary Collaborative Art in a Global Context. Duke University Press, Durham. S. 226.
2 Barnett, Cassandra. 2015. "Kei Roto I Te Whare/On Housing.» St PAUL St Curatorial Symposium: Practice, Place, Research (2015), S. 15. https://stpaulst.aut.ac.nz/__data/assets/pdf_file/0003/14988/2015-Curatorial-Symposium-papers_ST-PAUL-StGallery.pdf
3 Kester, Grant H. 2011. The One and the Many. S. 30.
4 Balsom, Erika. 2018. "The 2018 Turner Prize Asks: Do We Share a World?" In: Frieze, 1st October 2018. https://frieze.com/article/2018-turner-prize-asks-do-we-share-world
5 Barnett, Cassandra. 2015. "Kei Roto I Te Whare/On Housing."

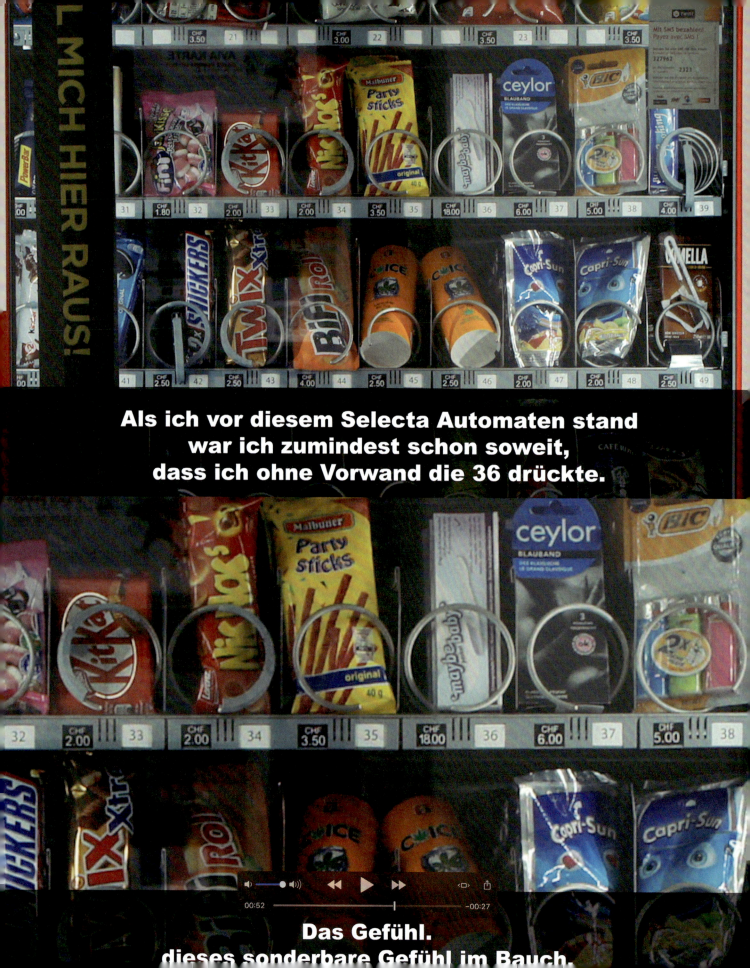

RAPHAEL REICHERT

on labour and caring

84

(dieneke jansen) you know i think a lot of white collar jobs will also disappear – uh – from what i understand – uh – you know accounting software will become so sophisticated we will no longer fundamentally need accountants, as an example. but it could really change in a number of different ways that include, as you suggest, phenomenal unemployment but it could also create an opportunity for a distribution that is different, whereby we only need to work ten hours a week. (fiona amundsen) the jobs that won't – uh – well i, i think those that will not be compromised by technology or new technologies are jobs that require human-to-human interaction because those are the things that technologies can't do. you know, like when i put my hand on your arm, it's warm you know, and like that's – uh – to me that's human care. it's about being human (dieneke) being (both chuckle) (dieneke) yeah (fiona) and it's about the kind of society you want to live in. do you want to live in a society where everything is seen as work and therefore i need to be getting something from it, cause that's often what work is aligned with. we would all do better to learn to be guests and hosts of each other. and that's a reciprocal role. you know, i can be the guest of somebody else's care and i can also host care, and whatever that might mean, you know. helping somebody do something. it's about helping through care not – not for exchange. and i think caring is a technology, you know it all (dieneke) yeah (fiona) is a technology. it's how we use it. and i am more interested in that – for me – in that dialogue rather than, you know, is artificial intelligence a good or a bad or an ethical phenomenon. yeah maybe also some things are better when they're digitally automated. because i would hope that a … um … surgical – surgical operation done with a machine might be more precise, but perhaps the care that is required before, during, and after can only ever be done by a human. (dieneke) and the physicality of the world that we live in, um, you know and our bodies', um, interconnectedness with it is a key part of being a human being. you know i don't think we can dispense with our bodies' and i (fiona chuckles) think a lot of knowledge, um, (fiona) yeah just yet (dieneke) just yet! and i think a lot of knowledge is acquired through the physicality of being, not just a cerebral disengaged, uh, brain. (fiona) that's the thing, you care with your body (dieneke) yeah (fiona) you know, as much as with your, your intellect. and i just don't buy that a robot can care like that.

i don't think we can dispense with our bodies

URS WIDMER

Die Utopie vom Menschen

Widmer, Urs. 1997. Top Dogs. Verlag der Autoren, Frankfurt am Main, ISBN 978-3-88661-189-8.4. S. 74

Es wird, es muss die Zeit kommen da wir Menschen uns achten und mit Würde begegnen. Ja. Da wir unsre Bedürfnisse stillen, ohne uns niederzutreten im Kampf um immer mehr. Ohne die Tiere zu morden, die Bäume zu fällen, die Wässer zu trüben.

Da ein jeder Mensch dem andern gleich seinen Teil leistet. Da die Frauen nicht den Männern untertan sind, und die Männer nicht den Frauen. Da die Menschen das tun, was zu tun ihnen ihre Begabung erlaubt, an ihrem Ort, mit ihrer Kraft, in Freiheit. Mit dem Feuer ihrer Herzen. Und zu ihrer Zeit. Jeder wird seine eigene Zeit haben. Das Schlagen unserer Herzen wird Mass werden, das Atmen der Lungen.
Oh, natürlich werden wir arbeiten. Wir werden Dinge herstellen, notwendige und auch ein paar überflüssige, wir werden mit ihnen handeln. Oh ja. Wir werden sie verkaufen und kaufen. Oh gewiss. Aber nach den Bedürfnissen aller, in denen die unsern enthalten sein werden. Unsre Grenzen werden wir als Glück und nicht als Mangel erleben. Wir werden nicht alles haben wollen, und werden nicht alles haben. Aber keiner wird nichts haben.

Die Flüsse sind voller Fische. Die Luft ist ein Getränk. Die Wiesen leuchten. Die Städte sind schön. Wir sind wir und fühlen uns als uns. Es gibt kein Ich, das nur »Ich« sein kann, wenn es ein Du tötet. Es wird den Tod geben, den Schmerz, das Leid. Die Trauer, wenn sich ein Schicksal erfüllt zu seiner Zeit oder vor seiner Zeit gar. Aber keiner wird dann allein sein mit seinen Tränen. Die Menschen werden trösten und helfen. So wird es werden, wenn nicht in diesem, dann im nächsten Jahrtausend.

MANUEL BURGENER

Die kleine Oase in der Betonwüste

Direkt neben dem Bahnhof Dreispitz befindet sich inmitten der Industriebauten eine Brache. Lange wurde das Gebiet nicht genutzt, doch seit 2014 herrscht dort wieder reger Betrieb. Das Kollektiv Station Circus entschied sich im Frühling 2014, die Brache zu besetzen, und handelte mit der Stadt Basel erfolgreich einen Zwischennutzungsvertrag aus. Das Ziel war es, einen neuen Ort zu schaffen, an dem Artisten aus aller Welt die Möglichkeit haben, ihre Nummern zu üben und zu präsentieren. Ich bin nun seit drei Wochen regelmässig in Basel und komme praktisch jeden Tag an der Brache vorbei. Obwohl ich bei jedem Vorbeigehen versuchte, möglich viel vom Innern zu erkennen, habe ich mir noch nie die Zeit genommen, mehr über das Areal zu erfahren. Das ändert sich diesen Donnerstag. Im Rahmen eines Workshops sind wir beauftragt, das Gundeliquartier ethnographisch und stadtsoziologisch zu erforschen. In meiner kleinen Feldforschung besuche ich die Zwischennutzung beim Dreispitz. Schon von aussen sind die liebevoll gebauten Zirkuswagons, zwei grosse Zelte und wenige Pflanzen zu erkennen. Als ich durch das Gittertor gehe, über dem gross der Schriftzug Station Circus steht, weist ausser zwei geparkten Autos nichts darauf hin, dass jemand zu Hause ist. Als ich meine Augen über das Areal schweifen lasse, erkenne ich vielerlei kunstvoll gestalteten Metallschrott. Das meiste sind alte Betonmischer, zu Pflanzentöpfen umfunktioniert. Neben gemütlichen Sitzgelegenheiten sind vereinzelt handgefertigte Feuerschalen zu erkennen. Vieles ist offensichtlich pragmatisch von Hand gebaut worden. Es ist gut erkennbar, dass oft nur Materialien verwendet sind, die gerade zur

Verfügung stehen, und dem Areal einen alternativen Charme verleihen. Weiter hinten auf dem Areal steht ein grosser blauer Bus, dessen Marke mir nicht bekannt ist. Es macht nicht den Anschein, als wäre er noch fahrfähig. Im Innern sehe ich ein Waschbecken, einen Herd und viele Kochutensilien, die an den Wänden befestigt sind. Das muss die Küche sein. Ein weiterer Wagen mit zwei Eingängen ist zu einem WC umfunktioniert. Nicht weit davon steht ein Camper, dessen eine Seitenwand fehlt, so dass ich im innern eine Bar erkennen kann. Plötzlich entdecke ich hinter einem der Zirkuswägen eine Gruppe junger Menschen, in eine Diskussion vertieft. Unsicher, ob ich die Gruppe stören soll, schaue ich mich noch ein wenig um. Es dauert zum Glück nicht lange, bis mir eine junge Frau mit einem Topf in der Hand entgegenkommt. Sofort versuche ich ihr meine Gründe für den Besuch zu erklären. Nina, so heisst die Frau, reagiert sehr freundlich auf mein unerwartetes Auftauchen, nimmt sich gerne Zeit für mich, um meine Fragen zu beantworten. Wir setzen uns auf einen keinen Hügel und ich kann alles fragen, was mich interessiert, während sie versucht, möglichst genau Auskunft zu geben.

Das Areal wird von einem sechsköpfigen Zirkuskollektiv betrieben. Die kleine Gruppe besteht aus Menschen der ganzen Schweiz, mit unterschiedlichsten Interessen. Unter ihnen sind zwei LandschaftsgärtnerInnen, ein Mathematiker, eine Psychiaterin und zwei Metallbauer. Was sie zusammengebracht hat, war die Faszination am modernen Zirkus. Station Circus bietet einen Ort, an dem Zirkusartisten die Möglichkeit erhalten, ihre Projekte zu planen, zu üben und zu präsentieren. Gelegentlich zeigen einige vom Kollektiv ihre eigenen Shows oder geben Workshops, die sich rund um den modernen Zirkus drehen. Das Angebot findet aber nur während der Sommermonate statt, da es im Winter nicht möglich ist, die Zelte genügend zu heizen. Während dieser Jahreszeit arbeiten die Mitglieder des Kollektivs in den Bereichen ihrer Ausbildung, was auf jeden Fall lukrativer ist als der Zirkus. Trotz 85–400 Besuchern pro Abendprogramm ist es nicht möglich, ausschliesslich vom Zirkus zu leben. Alle von ihnen müssen gelegentlich noch arbeiten, um das Projekt weiterzuführen. Auch die Instandhaltung gibt eine Menge zu tun, dennoch sind alle der Meinung, die Gruppe nicht zu vergrössern. Die Grösse sei optimal, erklärt mir Nina. Mehr Leute heisst auch mehr Meinungen und mehr Arbeit, alles gut zu koordinieren, vor allem wenn alles basisdemokratisch und konsensorientiert entschieden wird. Trotzdem erhält das Kollektiv von Zeit zu Zeit Anfragen von Interessenten bezüglich einer neuen Mitgliedschaft. Auf die Frage, was Nina von der geplanten Überbauung des Dreispitzareals hält, schüttelt sie nur den Kopf. Das ist der Grund dafür, dass sie den Ort im Frühjahr 2019 verlassen müssen, meint sie. Vorerst ist eine Verschiebung auf ein benachbartes Areal geplant, bis sie dann ganz verschwinden müssen, sobald der Bau des riesigen Projekts beginnt. Wie das Kollektiv danach weitermacht, steht noch nicht fest. Klar ist bereits, dass es immer schwieriger sein wird, Orte zu finden, wo so etwas möglich ist.

NAME	**Florine Thomke**
PROJEKTTITEL	**Need4Needs**
KEYWORDS	**Bedürfnisse, Körper, Performance**
FRAGESTELLUNG	**Wie kann menschlichen Bedürfnissen in Form einer Performance Raum gegeben werden?**
ABSTRACT	Wie sprechen unsere Körper? Wie kommunizieren wir unsere Bedürfnisse? Need4Needs befasst sich mit menschlichen Bedürfnissen auf körperlicher und zwischenmenschlicher Ebene. Konzeptionell, szenografisch und körperbasiert entwickle ich in einem Gruppenprozess eine Performance. Need4Needs entwirft dazu einen Erfahrungsraum, der den Körper – mit allen Sinnen und Gefühlen – einbezieht und unterschiedliche Perspektiven auf Verbindung, Entfaltung, Freiheit und Verständnis ermöglicht. Die Performance sensibilisiert für ein bewusstes Reflektieren und Kommunizieren unserer Bedürfnisse.
BESCHREIBUNG	Die Gegenwart weckt in mir den Wunsch, Zusammenhänge zu verstehen und einen gesunden Umgang mit meinen Mitmenschen zu finden. Kommunikation und Austausch sind dabei zentral, ganz nach dem Motto: Sharing is caring!
	Unsere tägliche Kommunikation und unser Informationsaustausch finden zunehmend im virtuellen Raum statt. Welche Auswirkungen hat dieser Umstand auf unsere zwischenmenschliche Kommunikation und unsere Körperlichkeit im analogen Raum? Weil alles «instant» und noch schneller geht, habe ich den Eindruck, dass wir zunehmend verlernen, unsere Körper sprechen zu lassen und unserem Gegenüber zuzuhören. Die Reflexion darüber ist in einem postindustriellen Zeitalter, in dem digitale Medien einen hohen Stellenwert haben, zwingend notwendig.
	Reflexion versteht sich jedoch nicht als ein einsames Nachdenken, sondern als ein Denkprozess, der das Kommunizieren und Handeln miteinschliesst. In einem Gruppenprozess entsteht eine Performance aus Bewegungen und Sprechakten mit Schwerpunkt auf dem räumlichen und szenografischen Kontext. Die Begriffe Verbindung, Entfaltung, Freiheit und Verständnis stehen im Fokus und folgende Fragen stellen sich: Wie geht jede*r von uns einerseits mit dem Bedürfnis nach Freiheit und Autonomie und andererseits mit dem Bedürfnis nach Gesellschaft und Verbindung um? Wie schaffen wir darauf basierend einen Verständnisraum für unterschiedliche Perspektiven? Was bedeutet es, sich zu entfalten, und welchen Stellenwert hat das in unserer Gesellschaft? Brauchen wir Verbindungen, um uns entfalten zu können? Wo finden wir Schnittstellen zwischen allen vier Bedürfnissen?

«No need for speed!»

GRETA PICHLER

Trouble in Tahiti

Nachtstück – Der erfolgreiche Geschäftsmann Sam wohnt mit seiner Ehefrau Dinah und ihrem Sohn in einem weissen Häuschen mit Vorgarten am Rande der Stadt. Doch hinter der Idylle kriselt es …

Lieber Sam,

Die Hecken im Vorgarten wuchern und die Verandabretter sind dreckig.
Mein Körper ist taub, meine Augen geschlossen.
Ich weiss, dass ich träume. Aber verstehe nicht, warum ich mich dann fürs Weiterträumen anstatt fürs Aufwachen entscheide, obwohl ich es könnte. Ich spule meinen Traum einfach vor und tue so, als hätte ich unser Haus schon betreten. Der Vorraum riecht weder nach mir noch nach dir.
Du bist weggefahren oder gestorben, du bist nicht da. Alle wussten es und sind erstaunt, dass ich nichts weiss. Ich weine tagelang.

Irgendwann verlasse ich das Haus und mit dem Ortswechsel geht ein Sprung in die Vergangenheit einher. Ich stehe in einem Frotteefachgeschäft und trage einen hellblauen Bademantel, der, wenn man ihn schliesst, zu einem glänzenden Daunenkurzmantel wird. Du bist wieder da und sagst zu mir, dass ich den brauche. Ich weigere mich, so jung alt zu werden. Wenn ich das Kind bekommen soll, dann nicht in hellblau. Wir gehen.

Ich erzähle dir, dass ich im Schlaf dachte, eine Orange zu sein. Und es nicht lustig fand. Ich war Guglielmos Orange. Lag am Couchtisch vor ihm. Man fotografierte uns, er starrte mich an. Das Foto kam aufs Cover seines neuen Albums.

Als das Kind zur Welt kommt, gehe ich mit ihm in die Oper ohne Kinderwagen. Die Oper ist ein Kino, das Musik spielt, auf der Leinwand sehe ich Guglielmos Kopf, der mich anstarrt, orange, rund und verschrumpelt. Nach einiger Zeit kippt die Leinwand nach vorne, als würde sie sich verbeugen, mir kommt das modern vor, der Vorhang schliesst sich und meine Gedanken sind wieder im Schwarz.

l.g
Dinah

SILENT DISCO – EMOTIONEN

**wirkprinzip
impuls und energie ist günstig
unterstützt durch schwerkraft leicht
zugkraft oder auszug?
zusammenziehen und an allen enden
zerren.**

INSTITUT HYPERWERK: ANOUK STUCKY, FLORINE THOMKE,
FRANZISKA STEINER, ROMAN ETTER,
INSTITUT FÜR SPRACHKUNST: GRETA PICHLER

MAX SPIELMANN & SOTIRIOS BAHTSETZIS

Doing Care II

Achtsamkeit und Sorge –
Gegen den Anthropozentrismus des Wissens

104

Ein Anliegen von Belang ist es, diesem von Zygmunt Bauman und Wolfgang Streeck beschriebenen Unbehagen entgegenzuwirken und den *horror vacui* einer Zukunft zu gestalten, die sich nicht voraussagen lässt. Das bedeutet, über einen Neubeginn nachzudenken und ein eigenes weisses Blatt zu fabrizieren, das unser gesellschaftliches Imaginäres in Bewegung setzt. Der Neubeginn ist zuerst epistemologischer Natur. Dieses gesellschaftliche Imaginäre diktiert uns, dass Wissenschaft immer objektiv und dass eine politikfreie, vorurteilsfreie Wissenschaft erstrebenswert und realisierbar sei. Doch Kritischer Posthumanismus und Agentieller Realismus haben hinreichend dargelegt, dass die gängige Ansicht zur Unvoreingenommenheit der Wissenschaft eigentlich eine Chimäre ist. Hier geht es nicht um die Diskussion über die Instrumentalisierung der Wissenschaften zum Zweck ihrer politischen Bevormundung. Michel Foucault hat gezeigt, dass Wissen eine eigene Analyse erfordert, die sich auf strategische Machtmanöver reduzieren lässt. Die wichtigste und einflussreichste Idee von Foucault ist wohl seine These, «dass Macht und Wissen sich gegenseitig und direkt implizieren». (Rölli/Nigro 2017. S. 188)

Auf der Grundlage dieser Maxime lassen sich folgende Beobachtungen ableiten. Als Erstes: Autoren wie Pierre Bourdieu (Bourdieu 1998) und Bruno Latour (Latour 2008) haben das wissenschaftliche Feld untersucht und die Behauptung aufgestellt, dass Wissenschaft nur scheinbar als ein reines und interesseloses Universum fungiert. Das wissenschaftliche Feld wird eher als eine eminent «polemische», widerstreitende Tätigkeit dargestellt. «Wie in anderen Sektoren der Gesellschaft gehe es auch auf diesem Feld um die Akkumulation symbolischen Kapitals und den Wettkampf um das Monopol auf Autorität.» (Schmidgen 2011. S. 54) Die Glaubwürdigkeit einer wissenschaftlichen Theorie folgt oft dem allgemeinen Verständnisstand einer Gesellschaft, der nicht nur von den wissenschaftlichen Tatsachen selbst, sondern auch von Emotionen, Traditionen und Moralphilosophien beeinflusst wird. Karen Barad kann zeigen, dass Politik und ethische Fragen immer Teil der wissenschaftlichen Arbeit sind und nur durch bestimmte historische Umstände als getrennt erscheinen. Sie bringen die Menschen dazu, diese Zusammenhänge nicht zu erkennen. Dafür verwendet sie das Beispiel der Ethik der Entwicklung von Atomwaffen. Sie argumentiert, dass Ethik und Politik Teil der Entwicklung und des Verständnisses solcher Waffen und damit Teil der Wissenschaft und nicht nur der «Wissenschaftsphilosophie» oder der «Ethik der Wissenschaft» sind.

Als Zweites stellen Autoren wie Latour die Konstruierbarkeit wissenschaftlicher Erzählungen heraus (als schönes Beispiel dazu sein eigener in fiktiven Briefen gehaltener Text «Cogitamus». Latour 2016). Sie untersuchen die Rhetorik der Naturwissenschaften, um festzustellen, dass die wissenschaftliche Literatur ebenfalls eine Form von Narration ist, mit einem eigenen und eigentümlichen Stil, ein Storytelling mit seinen eigenen rhetorischen Mitteln, das implizites Wissen in Form von Leitmotiven, Symbolen, Metaphern konstruiert. (Schmidgen 2011. S. 55) Doch dabei geht es nicht um einen Relativismus der Erkenntnis, sondern darum, dass wissenschaftliche Sprachen und Logiken immer auch Narrationen über sich selbst sind. Sie sind Narrationen, die ihrem Träger, dem Menschen, dabei helfen, sich selbst besser zu verstehen.

Doch dieser Anthropozentrismus der Wissensproduktion, das Narrativ des optimierbaren Anthropos wird vom Kritischen Posthumanismus in Frage gestellt. Die Science-Fiction-Dystopien und die humanistische Technophobie sind im Grunde genommen Fiktionen über menschliche Ängste vor Allzumenschlichem. Damit stehen wir vor einem entscheidenden epistemologischen Neubeginn. Das Objektivieren der Natur zugunsten des Menschen tötet unseren Planeten, da der Klimawandel, die Verschmutzung des Wassers und der Luft, das Aussterben von Pflanzen- und Tierarten, die Manipulation des genetischen Materials offensichtlich zu dieser Katastrophe beitragen. Das technowissenschaftliche Objektivieren des Menschen hat eine narziss-

tische Zweckrationalität als die höchste Maxime menschlichen Daseins eingerichtet. Solidarität, Nachhaltigkeit, freudiges Zusammenleben, Teilen mit anderen Menschen scheinen unter Attacke zu stehen. So wachsen Unzufriedenheit, Ressentiment, Hass und Eskapismus in einer Zeit, in der die Technologie uns fast alle Mittel bereitstellen könnte, damit wir gemeinsam glücklich leben könnten.

Vor allem feministische Theoretiker*innen haben die epistemologischen und ontologischen Grundlagen dieser Weltordnung hinterfragt. Rosi Braidotti tritt für eine alternative Sicht auf den Anthropos, das heisst auf Subjektivität, Ethik und Emanzipation ein. Sie wendet sich gegen die Grundsätze des liberalen und zweckorientierten Individualismus und behauptet an Stelle von *bios* (dem anthropozentrischen Begriff von Leben) *zoe* (einen alle empfindungsfähigen menschlichen und nichtmenschlichen Lebensformen umfassenden Begriff des Lebens): «Wenn Denken bedeutet, in der Welt gemeinsam mit anderen zu handeln, dann müssen wir das ethische Subjekt auch in der Welt als relational, nomadisch und in die Welt hinein gerichtet begreifen. Den Schwerpunkt auf Immanenz zu setzen bedeutet, dass die zeitgenössischen Subjekte jener Bedingung immanent, beziehungsweise mit ihr verbunden sind, zu der sie sich gleichzeitig auch kritisch verhalten. So fügen sie dem ‹wir sind darin gemeinsam› ein ‹aber dennoch nicht alle dieselben› hinzu. Dass dieses technisch vermittelte, global vernetzte und doch innerlich zerborstene Subjekt trotz allem auch körperlich, eingebettet und relational ist, führt zu etwas, das ich Ontologischen Pazifismus nenne: ein Pazifismus, der auf dem Vertrauen in unsere gemeinsame geteilte Intimität mit der Welt beruht, das heisst in unser Wissen über sie und unsere gelebte Erfahrung mit ihr. Das meine ich mit Immanenz.» (Braidotti 2018. S. 11 f.)

Zugleich behauptet Braidottis Ontologischer Pazifismus die Vielfalt des Lebens gegen einen falsch verstandenen postmodernen kulturellen Relativismus, der eher als Variante des liberalen Subjekts zu begreifen ist. Jenseits des Verhältnisses von postmodernem Partikularismus und modernem Universalismus behauptet sie Heterogenität und Differenz gegenüber der Einheitlichkeit und dem Anspruch auf Universalität des Individuums, des Anthropos. Sie behauptet die Existenz eines in das Ganze verschränkten Körpers mitsamt Geist, einer «nicht-unitären Subjektivität», in der «Grenzen porös werden und das Ich in einen Prozess des Mit-den-anderen-Werdens eintritt». (S. 15) Diese Einstellung impliziert, eine soziale Praxis der Verbundenheit anstelle des abtrennenden Individualismus zu fördern. Voraussetzung dafür wäre, sich der Macht der Verbundenheit anzuvertrauen, da sie als eine Art Katalysator fungiert zur Knüpfung der Beziehungsbande zwischen komplexen Entitäten.

Eine weitere Voraussetzung dieser Subjektivität wäre, nicht Differenzen einzuebnen, um ein konfliktfreies Homogenisieren von Ideen, Lebensweisen und Haltungen zu erzielen. Wie Braidotti ganz eindeutig feststellt, kann diese neumaterialistische Ethik der Affirmation nicht auf Ideen und Absichten beruhen, sondern es geht um eine Praxis der Suche nach pragmatischen Resultaten: «Der ethische Kern der Subjekte liegt weniger in ihrer rationalen, moralischen Intentionalität als in den Machteffekten, die ihre Handlungen voraussichtlich auf die Welt haben werden.» (S. 15)

Genau diese Kritik umschreibt den Forschungsbereich von María Puig de la Bellacasa, wenn sie die Frage der feministischen Care-Ethik untersucht (Tronto 1987). Die Autorin erweitert diese Fragestellung und bezieht sich auf einen von Donna Haraway inspirierten Posthumanismus. Eine pluralistische und nicht-anthropozentrische Aufrechterhaltung des Zusammenlebens, durch die Mensch und Nichtmensch miteinander verschmelzen, wie Haraway sie in ihren Arbeiten ausformuliert hat, bedeutet, eine neue Denkweise zu entwickeln (Haraway 2007). Puig de la Bellacasa stellt die konventionellen Vorstellungen von Fürsorge vor eine grosse Herausforderung, indem sie ihre Bedeutung als ethische und politische Verpflichtungen für das Denken in den mehr als menschlichen Welten der Technowissenschaften und Naturkulturen auslotet. Die Dezentrierung des menschlichen Subjekts in posthumanen Versorgungsnetzen hat das Potenzial, die menschlich-nicht-menschlichen Beziehungen zu nicht ausbeuterischen Formen des Zusammenlebens neu zu organisieren (Bellacasa 2017a. S. 24). Anstatt von wissenschaftlichen Tatsachen und soziotechnologischen Gefügen spricht Latour von «Sachen von Belang» – *matters of concern* (Latour 2007), die nicht als selbstverständlich angesehen werden, sondern eher unsere Aufmerksamkeit fördern. Puig de la Bellacasa intensiviert diese Position und spricht von «Sachen der Sorge» – *matters of care* (Bellacasa 2017b. S. 141). Sich um etwas zu kümmern ist verbindlicher; es erfordert eine aktive Beteiligung.

Jede artikulierte epistemologische Kritik sollte vorsichtig formuliert werden und in ihrer Bestandsaufnahme akribisch vorgehen. Einer der wichtigsten Punkte einer Denkweise, die Aufmerksamkeit und Sorge auch innerhalb ihrer eigenen Prozesse von Wissensproduktion zeigte, wäre es, genau die ethische Dimension des eigenen Vorgehens aufzuzeigen, egal ob es sich um wissenschaftliches Wissen oder um Designwissen handelt. Doch um das Wissen eines Ontologischen Pazifismus zu entwickeln, müssen wir zuerst die Definition des Menschen holistisch erweitern und sie vor der alten Rhetorik eines missbrauchten Humanismus schützen. Rosi Braidottis Posthumanismus oder Postanthropozentrismus zeigt uns ein neues Paradigma, das dazu beitragen kann, diesen entscheidenden Unterschied in der Welt zu bewirken.

LITERATUR

Bellacasa, Maria Puig de la. 2017a. Matters of Care. Speculative Ethics in More Than Human Worlds. University of Minnesota Press, Minneapolis

Bellacasa, Maria Puig de la. 2017b. «Ein Gefüge vernachlässigter ‹Dinge›.» In: Drognitz, Daniel/Eschenmoser, Sarah et al. (Hg.). Ökologien der Sorge. transversal texts, Wien. S. 137–188.

Bourdieu, Pierre. 1998. Vom Gebrauch der Wissenschaft. Für eine klinische Soziologie des wissenschaftlichen Feldes. UVK, Konstanz

Braidotti, Rosi. 2018. Politik der Affirmation. Merve Verlag, Berlin

Haraway, Donna. 2007. When Species Meet. University of Minnesota Press, Minneapolis

Latour, Bruno. 2007. Elend der Kritik. Vom Krieg um Fakten zu Dingen von Belang. diaphanes, Zürich/Berlin

Latour, Bruno. 2008. Wir sind nie modern gewesen. Suhrkamp, Frankfurt am Main

Latour, Bruno. 2016. Cogitamus. Suhrkamp, Berlin

Rölli, Marc/Nigro, Roberto. 2017. Vierzig Jahre «Überwachen und Strafen». Zur Aktualität der Foucault'schen Machtanalyse. transcript. Bielefeld

Schmidgen, Henning. 2011. Bruno Latour zur Einführung. Junius, Hamburg

Tronto, Joan C. 1987. «Beyond Gender Difference to a Theory of Care». In: Signs: Journal of Women in Culture and Society 12, Nr. 4. S. 644–663.

NAME	**Ronny Buth**
PROJEKTTITEL	**Ruhestifter – Agentur für Stille & Wandelimpulse**
KEYWORDS	**Entschleunigung, Gewahrwerdung, No-Mind-Celebration**
FRAGESTELLUNG	**Welchen Beitrag leistet die Schweige-Meditation für die Gesellschaft im Anthropozän als Kulturtechnik und wie sehen konkrete Implementierungen aus?**
ABSTRACT	Flugmodus. Augen schliessen. Einatmen. Ausatmen. Aufmerksam lauschen wir ins Innen und Aussen. Als Ruhestifter kultivieren wir Stille und kritisches Abstandnehmen im blinden Getriebensein der Hyperbeschleunigung. Mit unserer mobilen Meditationsstation leisten wir Entwicklungsarbeit für bewusste Ruhezeiten und Ruhezonen. Wir sind Dienstleister im Bereich des Nicht-Tuns und eine experimentelle Forschungseinheit in den Sphären des nachsprachlichen Schweigens. Mittels unterschiedlichen Formaten loten wir die Stille aus und experimentieren mit ihrem Potenzial. Sit down, say cheese, and hack yourself.
BESCHREIBUNG	Durch das Internet und die mobilen Endgeräte hat sich unsere Gesellschaft in eine neue Geschwindigkeits- und Möglichkeitsepoche katapultiert. Neben der zunehmenden Beschleunigung in Arbeit und Alltag hat mit den Neuen Medien auch die digitale Selbstbeschäftigung zugenommen, die in einen sich selbst dynamisierenden Kult der Eigenbespiegelung gipfelt. Doch worin besteht die philosophische Tiefe eines Selfies in Zeiten des Klimawandels? Wie kann man sich nicht nur in HD ablichten, sondern sich auch in HD erkennen? Wo sind die Grenzen der Lebensdienlichkeit von Apps und Smartphones? Wo steure ich hin? Wo steuern wir als Menschheit hin? Zur Beantwortung dieser Fragen eignet sich das Still-Werden, denn hier wird ein kritisches Abstandnehmen zum Alltag ermöglicht. Schweigemeditation ist mehr als eine Pause. Sie ist aktive Passivität, eine Kultivierung des achtsamen Hörens und Fühlens. Im Schweigen hören wir uns: Wir werden zu Beobachter*innen unserer Gedanken, Gefühle und Körperempfindungen, aber auch zu Zuhörer*innen der uns umgebenden Welt. In meinem Diplom beschäftige ich mich mit diesem kritischen Abstand zum Autopiloten des Alltags, ihn vermessend und schauend, welche Tiefe und welche Potenziale darin vorhanden sind.

«Stille ist ein Rückzugs-
und Spiegelort,
ist Urort des Wandels.»

FINN STEFFENS

Gestalten in Zeiten des Anthropozäns

Im Haus der Kulturen der Welt (HKW) in Berlin treffen sich regelmässig Geolog_innen. Sie kommen immer wieder zusammen mit dem Ziel, die These vom Anthropozän zu validieren. Der als spekulative Feststellung entstandene Begriff bezeichnet das gegenwärtige geologische Zeitalter. Es wird vorrangig geprägt durch den Menschen selbst. Diese Behauptung verlangt nach fortwährender empirischer Überprüfung. Die vorangegangenen, jeweils mehrere Tausend bis Millionen von Jahren andauernden Epochen waren stets im Nachhinein als abgeschlossene Sedimentschichten zu bestimmen. Jetzt geht es darum, aktuelle Prozesse und ihre zukünftigen Entwicklungen zusammenhängend zu identifizieren; eine Herausforderung nicht nur für Geolog_innen.

Ebenfalls neu ist, dass sich das HKW, eine öffentliche Kulturinstitution, die sich in erster Linie Kunstausstellungen widmet, aus seinem ursprünglichen Rahmen herauslöst. Das Haus produziert neue Allianzen zwischen Kultur- und Naturwissenschaften und befragt die bisherigen Kategorisierungen auf ihre Wirksamkeit. Die «Klimafrage» ist nicht länger ein Thema unter vielen, sondern wird immer mehr *Realität*.

Als solche bahnt sie sich ihren Weg durch kulturelle, wissenschaftliche und politische Institutionen hindurch direkt in den Alltag des_der Einzelnen, verankert sich dort und verlangt nach Aufmerksamkeit.

UNBEOBACHTETE ZUKÜNFTE

Über seinen ursprünglichen Kontext hinaus wird der Begriff des Anthropozäns mittlerweile immer öfter als Synonym für *Endlichkeit* verwendet. Angesichts einer möglichen Zukunft ohne lebenserhaltende Umwelt scheint es notwendig, auch erneut über unsere Relation zur Welt nachzudenken. Besonders explizit tun dies gegenwärtig Diskurse, die im Umfeld der philosophischen Strömungen von New Materialism und Spekulativem Realismus viel Beachtung finden. Indem sie dezidiert antianthropozentrische Perspektiven hervorbringen, bestreiten sie die lange vertretene Idee, dass sich uns niemals die Welt *an sich* offenbart, sondern wir lediglich die Welt *für uns* erkennen können.

Es scheint, als seien wir an einem Punkt angekommen, an dem sich die Ausrichtung klassischer Wissenschaften verändert, die sich nicht länger nur mit Vergangenheit und Gegenwart, sondern auch mit der Zukunft befassen. Daniel Falb, Lyriker und Philosoph, verweist dazu auf den Widerspruch zwischen geologischer Forschung und ihrem spekulativen Versuch, unabgeschlossene Prozesse zu bestimmen: «[D]as Postulat eines zukünftigen unbeobachteten Stratums würde aus der Wissenschaftslogik der Geologie heraus gar keinen Sinn ergeben. [...] Science-Fiction ist dem geologischen Anthropozänbegriff essenziell eingeschrieben, bildet seinen fiktionalen Kern.» (Falb 2015. S. 11)

Es findet eine Vermengung von Mikro- und Makroebene statt, die die eigene Positionierung im Diskurs erschwert: Weder produzieren lokale Ursachen allein globale Symptome, noch sind es einzig lokale Symptome, die von globalen Ursachen ausgelöst werden. Wir stehen der Situation konfrontativ gegenüber, und zwar an dem Ort, an dem wir uns gerade befinden – aber mit dem Wissen um die Problematik eines ganzen Planeten. Die gelebte Gegenwart konvergiert mit einer näherkommenden Zukunft, *die jetzt aber wirklich Gegenstand von tatsächlich nachhaltiger Gestaltung werden muss*. Dabei beginnt die Zukunft, umgekehrt die Gegenwart immer stärker selbst zu gestalten. (Avanessian und Malik 2016) «Wir können dieser gestalteten Welt nicht entkommen und brauchen dementsprechend Gestaltung mehr denn je», schreibt die Architekturzeitschrift Arch+ zur Wechselwirkung von Geopolitik und weltweiter Algorithmisierung. (Arch+ 234. 2018)

UNDENKBARE REALITÄT

Wir müssen gemeinsame Strategien und Umgangsformen entwickeln; ein langwieriger Prozess angesichts der akuten Dringlichkeit. Die Erwartung, unser Handeln an einen gesellschaftlichen Imperativ der Achtsamkeit anzupassen, ist allgegenwärtig und überfordert uns: Die beständige Hervorhebung des *Globalen* kehrt die ursprünglich expandierende Figur um und lässt nun vor allem die planetarischen Grenzen deutlich werden. Bruno Latour nennt das «die langsame und schmerzliche Realisierung, dass es kein Aussen mehr gibt». (Latour 2019. S. 367) Unsere Realität wird nicht zu einer undenkbaren Aufgabe, weil sie zu gross für unser Vorstellungsvermögen ist, sondern weil sie zu klein ist.

Im (nicht nur) gestalterischen Hochschulkontext stellt sich immer wieder die Frage, wie wir als Gestalter_innen darauf reagieren können. Wie können wir uns zwischen all diesen sehr verschiedenen Skalen orientieren und Ansatzpunkte für produktives Handeln finden? Wie können wir das Thema verstehen, ohne zugleich in alte Schemata übermässiger Vereinfachung zu verfallen? In der Vergangenheit sind bereits verschiedene Konzepte entstanden, die interessante Ansätze für die Auseinandersetzung mit geopolitischen Themen bieten. So strebt Social Design danach, Anknüpfungsmöglichkeiten zur bereichernden Umgestaltung von Lebensrealitäten vor allem im lokalen Bereich zu finden oder herzustellen. Critical Design hinterfragt durch Pointierung und Provokation bestehende Werte und Konzepte, ohne zwangsläufig Lösungen anzubieten. Es fordert dazu auf, Position und Haltung einzunehmen. Design Research sucht den Anschluss der Designfächer an den akademischen Diskurs.

DESIGN HEISST IN-DER-WELT-SEIN

Der Designdiskurs bedient meist andere Disziplinen, indem naturwissenschaftliche gemeinsam mit kulturwissenschaftlichen Positionen verhandelt werden. Analog zum Kunstbegriff hat der Designbegriff historisch einen Prozess der Entgrenzung durchlaufen. Latour schreibt dazu über den Wandel von einem *relooking* von Dingen zu *Design heisst In-der-Welt-Sein*. Er bezieht sich auf Überlegungen Peter Sloterdijks, der aus dem phänomenologischen Weltbegriff seine Theorie der Sphären und Umhüllungen ableitet. In-der-Welt-Sein bedeutet bei ihm dann gemeinsames Sein, ko-konstituierendes *Mit-Werden* mit all jenem, womit die eigene Umgebung geteilt wird.

Legt Sloterdijk jedoch besondere Betonung auf den kleinen Massstab der uns umgebenden Sphären, so verläuft der Versuch, das Anthropozän in seiner Gänze zu erfassen und letztendlich zu beeinflussen, in die entgegengesetzte Richtung. Veränderung wird hier nicht

nur vom Kleinen zum Grossen erwirkt, sondern der gesamte Planet steht zur Umgestaltung ausgeschrieben – Beispiel Geo-Engineering als der Versuch der Errichtung globaler Systeme, um den Klimawandel aufzuhalten. Welt und Umwelt dürfen sicherlich nicht als Synonyme für Natur missverstanden werden. Dennoch gilt, dass «[d]er Begriff des Anthropozäns […] das lokal verankerte Konzept der Umwelt auf eine globale Perspektive, die Erde mitsamt der Atmosphäre» überträgt. (Meyer 2015. S. 15)

GERADE JETZT NICHT STEHENBLEIBEN

Mit dem Oszillieren zwischen den verschiedenen Massstäben der Umwelt verändert sich auch unser Verhältnis zu denjenigen, die sie mitbewohnen. Mitte des 20. Jahrhunderts ist diese Beziehung in den existenzialistischen Diskursen, die sich mit den Gründen und Grundlagen der Existenz befassen, primär durch den Körper geprägt. Ist er schon lange kein Ding mehr, das lediglich zum Geist hinzukommt, so ist er nun «eine Situation: Er ist unser Zugriff auf die Welt und der erste Ansatz zu unseren Entwürfen.» (Beauvoir 2000. S. 59)

Simone de Beauvoir nennt als übergreifendes Charakteristikum der Menschheit den Versuch, genau diesen Zugriff auf die Welt zu vergrössern, also sich selbst zu überschreiten und der eigenen Art nachhaltig eine andere Zukunft mit neuen Möglichkeiten zu eröffnen. Die darin liegende Dialektik von *gerade jetzt* und *nicht stehenbleiben* ist bei ihr das Gegenstück zum Verhältnis von Mensch zu seiner Alterität – zu dem anderen ihm gegenüberstehenden Menschen – oder auch von Frau zu Mann. Welterschliessung verlangt nach Selbstverortung. Wir brauchen das Andere als Gegenüber, das uns begrenzt und negiert, um uns als eigenständige Subjekte zu begreifen. Erst das Aufzeigen der eigenen Endlichkeit von Körper, Wissen, Einfluss und Leben ermöglicht, sich von Anderen und Anderem abzugrenzen. Endlichkeit ist hier Ursache von anthropozäner Überforderung und zugleich entgegenwirkende Methode. Sie eröffnet Handlungsspielräume, indem sie sowohl Schauplatz als auch Akteur_innen bestimmt. De Beauvoir fasst das so: «Um das Gesicht der Welt zu verändern, muss man zunächst einmal fest in ihr verankert sein.» (Beauvoir 2000. S. 182)

Ihre Gedanken bleiben auch für heutige Gestaltung wegweisend. So kann man Argumentationen in Daniel Martin Feiges jüngst erschienenem Essay «Zur Dialektik des Social Design» als Fortführung und Übertragung von de Beauvoirs Ausführungen lesen. Wenn er über das Verhältnis von Design zum bestehenden Status quo schreibt – und dabei die inhärente Gefahr betont, diesen trotz aller kritischen Intentionen lediglich zu bestätigen –, greift er ihr Konzept der wechselseitigen Produktion von Subjektivitäten durch die Legitimation des Anderen auf: «Im Design ist jede Widerständigkeit dahingehend auch immer affirmativ, dass sie etwas als ihr Gegenüber braucht, im Verhältnis zu dem sie sich als widerständig profiliert – und es just dadurch als ihr anderes immer schon anerkannt hat.» (Feige 2019. S. 42)

Eine konsequente Folgerung daraus ist, unser Selbstverständnis als Menschen zu überdenken, wie es die Wissenschaftstheoretikerin Donna Haraway seit Jahren in verschiedenen Kontexten tut. Sie verlangt, den Gedanken aufzugeben, dass wir als Menschen allein die Erde bewohnen, allein die gegenwärtige Situation ausgelöst haben und allein die Vorstellungskraft und die Möglichkeiten besitzen, für andere Welten und Zukünfte Sorge zu tragen. Wir brauchen Verbündete: Mit denjenigen Arten, die jetzt schon ein Schicksal mit uns teilen, sollen wir uns *verwandt machen*, gemeinsame Geschichten stricken und symbiotische Stärken auskundschaften.

Beklemmung und Beunruhigung werden bei Haraway zu zentralen Positionen für das Übernehmen von *Responsabilität* – der Haltung, sich um etwas zu kümmern und für es zu sorgen. «Niemand lebt überall; jeder lebt irgendwo. Nichts ist mit allem verbunden; alles ist mit etwas verbunden.» (Haraway 2018. S. 48) Verbindungen knüpfen, Gedanken aufnehmen und weitergeben werden zu zentralen Elementen ihrer Figur des Fadenspiels, das sie als neues Modell des kollaborativen Entwerfens vorschlägt. Denn alternative und präferierte

Zukünfte zu entwerfen verlangt immense Vorstellungskräfte, die nicht vom Menschen alleine aufgebracht werden können.

HUMAN-DECENTERED DESIGN

Die von Haraway geforderte anti-anthropozentrische Perspektive ist auch deshalb faszinierend, weil sie konträr zu den in der Industrie als Kanon etablierten Praktiken steht. Dort werden mittlerweile auch in fachfremden Gebieten die «*designerly ways of knowing*» aufgegriffen, die beispielsweise Service Design, Design Thinking und vor allem auch Human-Centered Design hervorgebracht haben. Sie streben mit gefestigten Methodensets an, nicht nur das finale Produkt der Gestaltung in den Blick zu nehmen, sondern sehr bewusst prozessorientiert zu arbeiten. Das bedeutet jedoch nur in den wenigsten Fällen, dass dieser Prozess und vor allem seine Schwächen und Herausforderungen im Resultat kenntlich werden, ist man doch an Lösungen für zu erforschende Probleme interessiert. Erwartet werden Schärfe, Zielgerichtetheit sowie der omnipräsente Optimismus und die gute Laune zeitgenössischer Designagenturen.

Doch die geforderte Immersion in den Alltag der Menschen erfordert auch immer wieder ein Auftauchen: das Einnehmen einer kritischen Distanz, die Betrachtung erweiterter Zusammenhänge und Beziehungen, den Vergleich mit anderen Fällen, die Verschiebung der Blickrichtung von der jetzigen Situation auf zukünftig Relevantes. Kurz gesagt: Human-Centered Design verlangt auch immer nach Human-Decentered Design, nach einem Oszillieren zwischen der Mikro- und Makroebene sowie zwischen Gegenwart und Zukunft.

ÜBERFORDERNDE GESTALTUNG

Wie lassen sich Haraways Vorschläge für eine zeitgemässe Designpraxis denken? Welche Verbindungen können zu bestehenden Designmethoden hergestellt werden? Welche Lesarten können überhaupt aus der Perspektive von Gestalter_innen produktiv gemacht werden? Mit ihrem Buch «Unruhig Bleiben» bietet sie mehr konkrete Impulse als allgemein gültige Lösungen für artenübergreifendes Entwerfen. Wenn jedoch *Überforderung* und *Besorgtsein* als zentrale Elemente begriffen werden, wird plötzlich der Anschluss an nicht erst seit kurzem geführte Designdiskurse offensichtlich, die sich mit ver- und enthüllender Gestaltung beschäftigen und zu einer *Repositionierung* aufrufen.

Es müssen Gegenpositionen zu einer Gestaltung entwickelt werden, die auf der Grundlage vermeintlicher Komplexitätsreduzierung ihre eigene Ausbeutung von Mensch, Nicht-Mensch und Natur, die eigene verzerrte Voreingenommenheit als *technology bias* oder die eigenen Privilegien hinter glatten Fassaden verbirgt. Wir brauchen mehr Gestaltung, die nicht länger beruhigen soll, sondern im Gegenteil Besorgnis auslöst. Wir brauchen Institutionen, denen es gelingt, Gestaltung aus ihrer Selbstreferenzialität herauszulösen, Dialoge zu anderen Disziplinen zu fördern und gemeinsam Einfluss zu nehmen. Wir brauchen Designer_innen, die ihre eigene Kontingenz und Unsicherheit als zur Identität ihrer Gestaltung gehörend begreifen. Die sich nicht nur kritisch damit auseinandersetzen, wie sie eigentlich gestalten, sondern auch mit der Notwendigkeit ihrer Projekte – und die schliesslich ihren eigenen Standpunkt benennen und eigene Privilegien hinterfragen können: «Being right is a bad idea [...]. It is too weak.» (Easterling 2018. S. 9)

LITERATUR

Arch+ 234. 2018. Projekt Bauhaus 3: Datatopia. Arch+Verlag, Berlin

Avanessian, Armen/Malik, Suhail (Hg.). 2016. Der Zeitkomplex – Postcontemporary. Merve Verlag, Berlin

Beauvoir, Simone de. 2000. Das andere Geschlecht. Rowohlt, Hamburg

Easterling, Keller. 2018. Medium Design. Strelka Press, Moskau

Falb, Daniel. 2015. Anthropozän – Dichtung in der Gegenwartsgeologie. Verlagshaus, Berlin

Feige, Daniel Martin. 2019. Zur Dialektik des Social Design. adocs, Hamburg.

Haraway, Donna. 2018. Unruhig bleiben – Die Verwandtschaft der Arten im Chthuluzän. Campus, Frankfurt am Main

Latour, Bruno. 2019. «Ein vorsichtiger Prometheus?» In: Gerhard Schweppenhäuser (Hg.). Design, Philosophie und Medien. Perspektiven einer kritischen Entwurfs- und Gestaltungstheorie. Springer, Wiesbaden.

Meyer, Hannes. 2015. Theorie des Anthropozäns. In: Arch+ 221. Arch+Verlag, Berlin

124

CÉDRIC KLEINEMEIER
Mini Interview

Wenn du eine Schriftart wärst, welche?
ICH SCHREIBE IMMER VERSAL.

Und Serifen, Sans Serif?
MIT SERIFEN, UND GERNE EIN BISSCHEN FETT.

Wie sieht dein Zimmer aus?
SEHR LEER. AN DER EINEN WAND HABE ICH EIN SELBSTGEBAUTES REGAL AUS SICH KREUZENDEN LATTEN, IN DEM ICH WENIGE KLEIDUNGSSTÜCKE AUFBEWAHRE. ICH HABE EIN 90ER BETT AUF ROLLEN UND ES HÄNGEN AUCH NOCH BILDER UND PLAKATE, NICHTS BEKANNTES, ARBEITEN VON MIR UND MEINEN FREUNDEN.

Bist du Minimalist?
VIELLEICHT, ABER MEIN ZIMMER IST SO, WEIL ICH NUR FÜR KURZE ZEIT DA WOHNE.

Gibt es ein Objekt, einen Gegenstand, der dir sehr wichtig ist?
NEIN, EIGENTLICH NICHT. ALS KIND HATTE ICH SOLCHE ARTEFAKTE, ZUM BEISPIEL EINE FIGUR AUS EINEM ÜBERRASCHUNGSEI.

Hast du einen Lieblingsstift?
NEIN, ICH VERLIERE MEINE STIFTE VIEL ZU HÄUFIG. UND ICH HABE AUCH KEINE PRÄFERENZEN OB BLEISTIFT ODER KUGELSCHREIBER.

Mal weg vom Materialistischen. Vor was hast du Angst?
WENN ICH ZU LANGE IN DEN WEITEN HIMMEL BLICKE, VOR ALLEM NACHTS ZWISCHEN DEN STERNEN HINDURCH, DANN ERSCHRECKE ICH MICH AN DER UNENDLICHKEIT.

Das war nun sehr persönlich, dann kannst du mir auch noch verraten, was das letzte Foto auf deinem Handy ist.
(DENKT NACH – LACHT)
EIN BIER-SELFIE. ICH BIN IN EINEM CHAT, WO MAN NUR ETWAS HINEINSCHREIBEN DARF, WENN MAN EIN SELFIE MIT EINEM BIER SENDET.

Danke.

ANDREA ITEN

Segja skal kost og löst á hverjum hlut.

128

DENKEND ERKENNEN

Denkräume können aus winzigen Ausdehnungen bestehen, die von A nach B oder rund um einen Platz führen. Ihre Dimension ist von der eigenen Vorstellungsgabe abhängig. Wo sind sie zu finden? Dort, wo wir ansetzen, ausloten, ihren Umfang messen. Raum denken, Zeit schenken. Kurze Momente innehalten. Raum und Zeit in ein Verhältnis setzen. Den Raum – die Zeit: zwei, die sich bedingen. Ich begebe mich in einen Denkraum. Du gibst Raum Zeit. Er, sie, es nehmen Raum ein. Wir verschwenden Zeit. Ihr fragt nach Raum. Sie haben Denkräume erprobt.

ENTWERFEN

Probieren, «etwas» eine Gestalt zu verleihen. Gemeinsam darüber sinnieren, wie was in die Welt kommt beziehungsweise zu Erkenntnissen führt. Den Blick dafür schärfen, mit welchem Verständnis darüber gesprochen – und verhandelt wird. In Gesprächen anhand von Entwürfen Blickrichtungen festlegen, die sich über handwerkliche wie technische Fertigkeiten manifestieren, sichtbar werden. Etwa, wie etwas gemeint ist. Wie sinnvoll ist es, die Sache, das «Ding», weiterzuentwickeln, es zu realisieren? Zeitgemässe Fragen einfliessen lassen. Sie grundsätzlich erfahrbar machen, sie visualisieren. Die Hoffnung nie verlieren, über kleine Erzählungen Veränderungen herbeizuführen und Entscheide zu fällen. Entwerfen und nie entwerten.

DIE BEWERTUNG VORNEHMEN

Ein Wert. Ein Wort. Verhandelbar, wandelbar vielfältig. Ein Wort jagt das andere. Weil wir Leere als wertlos empfinden und Völle nicht mögen. Eine Weile lang ein Wort als Wert hochhalten und es wieder fallen lassen – wie ein Herbstblatt, eine lose Beziehung – eine leere Milchpackung, einen Löffel. Weg damit. Versuchen, es auszuloten, zu reparieren, zu wiederholen. Vermindern, steigern, es lassen. Eine Verbindung suchen, etwas auftrennen, wegrennen – sich lösen und von Neuem verbinden: Werte benennen, verstehen lernen. Teller stapeln, Geschirr spülen, und nicht aufhören, kleine Dinge und grosse Worte in ein Verhältnis zu bringen. Verbindungen herstellen. Sie in neuen Zusammenhängen sehen. Kurz und bündig: sie als wertvoll verstehen.

ÜBER VERORTUNG NACHDENKEN

Meint «Globalisierung» ein antiquiertes Wort, das Geschichtsschreibung als altbacken abtut? Das die Erde als Lage von Sedimenten progressiver geologischer Interpretation versteht? Wie es auch gedreht und gewendet wird, im Vokabular des stillen Wandels ist dieser Begriff inkonsistent und umstritten. Es soll ihn schon immer gegeben haben, meint Wikipedia. An Orten zugeschriebener Romantik hält er sich hartnäckig als ein Versprechen. In Form einer Broschüre etwa, die Adjektive verwendet, um das aufzuwerten, was uns mit anderen verbindet, um sogleich Kategorien und Deutungen zu hinterlassen. «Alle» meinen, sie aber vermindernd darstellen hält Wandel auf. Mit den Menschen vor Ort Blickwinkel austauschen und sagen: «Ich weiss nichts von hier, mir wurde aber gesagt, gerade diese Gegend sei modellhaft für …», weckt in einem ein bekanntes, behagliches Gefühl. Was ist daran so falsch? Um nicht zu vergessen, werden kleine Artefakte eingesetzt, den Alltag so zu gestalten, dass mit jemandem sprechen eine gemeinsame Identität auf Zeit hervorruft, um überhaupt mit anderen zu sein. Orte als solche zu vergessen, um in einen Modus der Verlangsamung zu gelangen. Steht dahinter nicht der Wunsch, neugierig die Dauer der Ungewissheit dahin zu lenken, nicht einem Begriff nach dem anderen nachjagen zu müssen? Den Ort zu wechseln, um andere unterschiedlich darauf blicken zu lassen. Selbst zum Ort werden. Sich permanent neu verorten. Segja skal kost og löst á hverjum hlut ist eine isländische Redewendung und heisst, man soll über jedes Ding seine Vor- und Nachteile aussagen.

BILDER SPRECHEN LASSEN

Alle Bilder stammen von isländischen Webcams und wurden am 24.11.2018 zwischen 18:12:52 und 18:38:02 festgehalten.

TIMO DAUM

996.iCU: Auf der Intensivstation des digitalen Kapitalismus.

In der chinesischen Tech-Industrie wird zusehends nach dem Schema 996 gearbeitet – von neun Uhr morgens bis neun Uhr abends, sechs Tage die Woche. Ex-AliBaba-Chef und ausgezeichnetes Mitglied der Kommunistischen Partei Chinas Jack Ma findet das zum Beispiel völlig normal. Chinesische Aktivistinnen haben kürzlich unter dem Namen 996.iCU entwickelt hat. GitHub ist eine Plattform für das Hosten und Bearbeiten von Software-Projekten, aber auch eine Art soziales Medium für die globale Entwickler-Community. In wenigen Monaten hat das Projekt mehr Sterne (entsprechen etwa den Likes bei Facebook) erhalten als das Open-Source-Framework für künstliche Intelligenz von Google, TensorFlow.

Im April veröffentlichten Katt Gu und Suji Yan die «Anti-996-Lizenz», um die Arbeitsbedingungen für Programmierer zu verbessern. Die Lizenz schreibt Unternehmen vor, die Software des Projekts zu verwenden, um die lokalen Arbeitsgesetze sowie die Standards der Internationalen Arbeitsorganisation zu erfüllen. GitHub ist gut gewählt, fällt es doch chinesischen Zensurbehörden schwer, die für die chinesische IT wichtige Plattform einfach abzuschalten. Das Basislager der globalen Entwickler-Community gehört übrigens seit einem Jahr zu Microsoft, und deren Beschäftigte haben sich bereits massiv mit der Anti-996-Bewegung solidarisiert.

eine Website lanciert, um auf die Arbeitsbedingungen in der chinesischen Tech-Industrie aufmerksam zu machen. Die Aktion ist Teil der wachsenden Anti-996-Bewegung in China, die auf das zwangsläufige Ende eines solchen Arbeitsalltags hinweist: die Intensivstation (Intensive Care Unit).

Der Kapitalismus schafft nicht nur neue Business-Modelles, sondern auch neue Krankheiten. An der Staublunge stirbt heute niemand mehr, die letzten Kohle-Kumpel sind in den Ruhestand versetzt worden. In der Angestelltenwelt der 80er Jahre in Japan grassierte dann der plötzliche Tod am Arbeitsplatz, der sogar einen eigenen Namen bekam: Karoshi. In den letzten Jahren boomten neue Syndrome, Symptome und Volkskrankheiten: der Burnout, die Depression der High-Performer, vielleicht der bekannteste. In industriell geprägten Zeiten noch völlig unbekannt, ist der Burnout zum Merkmal einer Arbeitsgesellschaft geworden, die durch Projektarbeit und Internalisierung von Leistungsdruck, Kontrolle und Verantwortung gekennzeichnet ist. Heute fängt man ganz locker erst um halb zehn an, ist dafür always on, und die Grenzen von privat und beruflich verschwinden.

Aber auch die Kampfformen ändern sich. Die Aktivisten richteten auch ein Repository auf der Code-Sharing-Plattform GitHub ein, das sich zu einem der erfolgreichsten aller Zeiten

LESETIPPS

Boltanski, Luc, Ève Chiapello. 2003. Der neue Geist des Kapitalismus. UVK, Konstanz

Tinno Daum, Missing Link: Wie «subversive Technologien» vom Kapitalismus absorbiert werden. Heise.de, https://heise.de/-4446943

996 working. ICU waiting. https://996.icu/#/en-US

Jan Mahn, Microsoft kauft GitHub. Der Windows-Hersteller erwirbt mehr als eine Code-Plattform. in: c't 14/2018, S. 40, www.heise.de/select/ct/2018/14/1530920470936017

Lint Finley, How GitHub is helping overworked chinese programmers. WIRED, 4.4.:l019, https://www.wired.com/story/how-github-helping-overworked-chinese-programmers

Greenfield, Adam. 2018. Radical Technologies: The Design of Everyday Life Verso, London/New York.

NAME	Lucia Pietrafesa
PROJEKTTITEL	Frauen (zu) Erzählen
KEYWORDS	Narration, Frauen und Migration, Opazität
FRAGESTELLUNG	Wie werden frauenspezifische Geschichten von Migrantinnen hör- und sichtbar?
ABSTRACT	Wo sind all die Frauen, deren Geschichten wir nicht kennen? Die Diplomarbeit «Frauen (zu) Erzählen» stellt Migrantinnen in der Schweiz ins Zentrum. In Interviews setzen sie sich mit ihrer Stellung in unserer Gesellschaft auseinander. Dabei bleibt die Frau selbst die erzählende Instanz und behält die Kontrolle über ihre eigene Geschichte.
BESCHREIBUNG	Im Rahmen meiner eigenen zweijährigen Freiwilligenarbeit mit Flüchtlingen wurde mir klar, dass Frauen viel weniger präsent und auch viel schwieriger erreichbar sind als Männer. Weshalb ist das so? Was heisst es, diesen Frauen zu begegnen, sie einzuladen, sich auszutauschen, um ihre Geschichten zu teilen? Anhand qualitativer Interviews und fotografischer Porträts lässt sich eine Beziehung zu ihnen herstellen. Woher kommen diese Frauen? Wie und wovon leben sie? Wie erleben sie ihre Stellung als Migrantinnen in der Schweizer Gesellschaft? Mit diesen Fragen gilt es, die verschiedenen Schattierungen von Migration zu fassen und herausfinden, ob sich die unterschiedlichen Verhältnisse in der jeweiligen (Un-)sichtbarkeit im Alltag widerspiegeln. Wie gestaltet sich der Prozess der Begegnungen? Wo wird er sichtbar? Wie lassen sich diese Frauen und ihre Geschichten repräsentieren? Wie stellen sie sich selbst dar? Solche Fragen haben nicht nur Einfluss auf das Format, sondern auch auf die Umsetzung der Geschichtensammlung, auf die Art und Weise, wie diese erzählt werden und in welche Rollen die Frauen dabei schlüpfen. Werden sie Gäste sein? Werden sie zu Gastgeberinnen und mich oder uns zum Teil ihrer Geschichten erklären? Oder gar beides? Darüber hinaus helfen diese Überlegungen, vorherrschende Machtverhältnisse, die während des gesamten Arbeitsprozesses präsent sind, herauszuschälen und in Frage zu stellen.

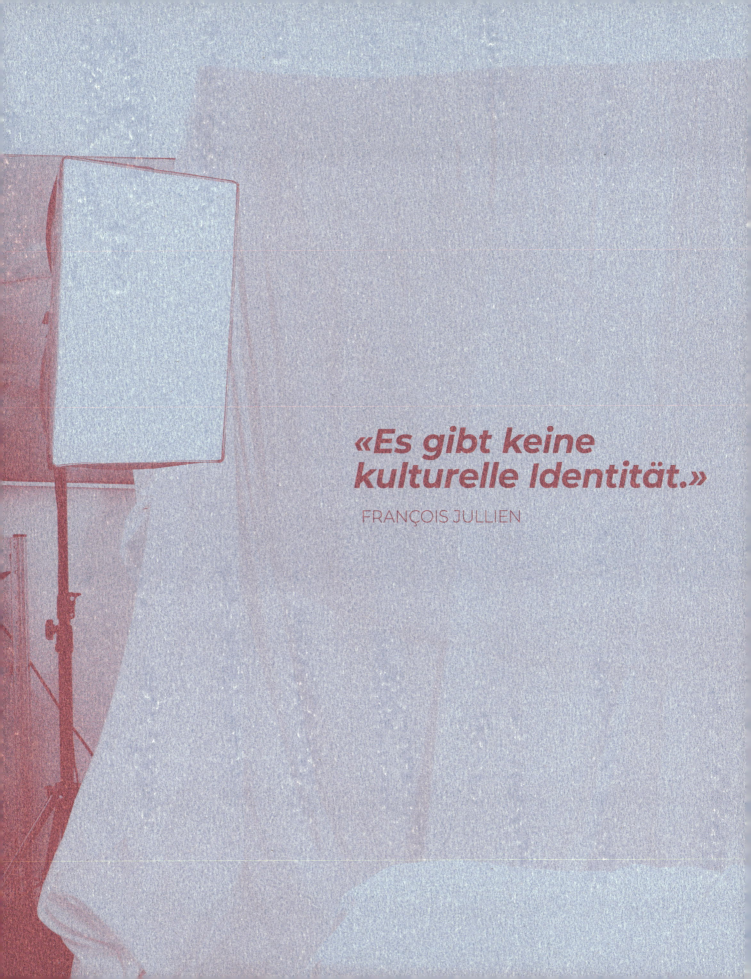

«Es gibt keine kulturelle Identität.»
FRANÇOIS JULLIEN

LUCIA PIETRAFESA

Der Weg zu gemeinsamen Narrativen

Frauen (zu) Erzählen

Wo sind die Frauen? Und wieso sind sie nicht sichtbar? Diese zwei Fragen stellten den Ausgangspunkt meiner Diplomarbeit dar. Den Fokus setzte ich auf Migrantinnen in der Schweiz. Ich selbst habe auch einen Migrationshintergrund. Mein Vater ist Italiener, und ich lebe seit meinem 12. Lebensjahr in Basel. Das war aber nicht der Grund für meine Auseinandersetzung mit diesem Thema, sondern meine Freiwilligenarbeit mit geflüchteten Menschen. Bei meinem wöchentlichen Einsatz merkte ich, dass sich bei unserem Verein für die Unterstützung und Bildung von Asylsuchenden fast ausschliesslich Männer meldeten. Ich merkte auch, dass mir als Frau der Kontakt zu anderen Migrantinnen, vor allem bei diesen männlich dominierten Treffen, fehlte.

So begann ich, migrantische Frauen zu suchen und mich mit ihnen in Kontakt zu setzen. Dieses Vorhaben war schwierig, denn wie ich bei der Suche festgestellt hatte, ist es nicht einfach, mit Migrantinnen in Kontakt zu kommen, wenn nicht bereits eine tiefere Bekanntschaft besteht. Ich spürte auch eine gewisse Hemmung zur «Sichtbarkeit» ihrerseits. So wendete ich mich einerseits an Personen, die in ihrer Freizeit mit Migrantinnen zu tun haben, andererseits ging ich direkt an Orte, wie z.B. Restaurants oder Coiffeursalons, von denen ich wusste, dass sie von einer Migrantin geführt werden.

Ich beschränkte meine Suche nicht nur auf kürzlich geflüchtete Frauen, sondern auch auf Frauen, die schon länger in der Schweiz leben. Aus zwei Aspekten: Zum einen finde ich es merkwürdig, einen Unterschied zwischen den verschiedenen Gründen für Migration zu machen, zum anderen wollte ich möglichst alle einbinden, um die Breite und die verschiedenen Schattierungen von Migration hervorzuheben. Doch genau hier liegt die Schwäche: Wieso möchte ich die verschiedenen Schattierungen hervorheben? Ich merkte, dass der Schweizer Gesellschaft ein Umgang mit verschiedenen Migrationshintergründen fehlt und dass diese teilweise tabuisiert werden.

«Eine paradoxe Situation bildet die Ausgangslage: Globale Wanderungen verändern und formen gesellschaftliche Realitäten. So auch in der Schweiz. Die Schweiz ist eine Migrationsgesellschaft, weil sie durch und von Migration geprägt ist – früher und heute. Doch die Migrationsgesellschaft entspricht nicht dem gesamtschweizerischen Selbstverständnis».[1]

Wann wird frau zum Beispiel als «Migrantin» und wann als «Schweizerin mit südländischen Wurzeln» angesehen? Überhaupt: Ist der Begriff Migration nicht sowieso veraltet, obwohl er heutzutage inflationär benutzt wird? Und: Welchen Mächten unterliegt unser Umgang mit dem Thema Migration?

Ich merkte schnell, dass dieses Thema umfangreich ist und dass unser Umgang damit auch durch Begriffe wie «Heimat», «Fremd-Sein», «wir und die» beeinflusst ist. Begriffe, die sich aus der Geschichte der europäischen Gesellschaft geformt haben und somit mehrheitlich von westlichen Einflüssen und westlichem Denken geprägt sind. Aber was ist Geschichte, wenn nicht die Reihenfolge von vergangenen Ereignissen, die auf das Heute übertragen und nur noch als eine Zusammensetzung von erzählten Geschichten existieren, die dem ständigen Wandel ausgesetzt sind? Und wenn Geschichte einem ständigen Wandel ausgesetzt ist, sollte man nicht auch die Begrifflichkeiten ändern sowie auch das westliche Machtkonstrukt, dem sie unterliegen?

Was bedeutet es, als Migrantin den Machtstrukturen in einem fremden Land zu unterliegen? Und wie würde ich das überhaupt ansprechen oder sogar zeigen wollen? Was möchte ich überhaupt von den Migrantinnen erfahren? Im Gespräch mit einem Freund merkte ich, dass mir vor allem die Begegnungen mit den Frauen wichtig sind, und fragte mich, wie ich dieses Gefühl und ihre Erlebnisse in der Wiedergabe ihrer Geschichte übertragen könnte. Für meine Ausgangsfrage bedeutet das, dass ich ihre Geschichten in meiner Arbeit sichtbar machen muss. Aber wie? Im Mai nahm ich an einem Workshop am HyperWerk teil mit dem Namen «IN TRANSITION BETWEEN WORLDS – Remember her voice + Decolonial Futures». Durch das Lesen von verschiedenen Texten und individuelle und kollektive Übungen erkundeten wir die Begriffe «Erinnerung» und «Kollektive Erinnerung». Wir lernten alternative Wege zur Aneignung von «Wissen» und nutzten die Tätigkeit des Zuhörens als Strategie, um die Kontrolle der Moderne über einzelne Narrative und Chronologien zu brechen. Eine Kontrolle, die Probleme der (Un)Sichtbarkeit verursacht, die der Art und Weise zugeordnet sind, mit der die Gesellschaft (Un)Gleichheit und Vergessen zulässt. Wir teilten Geschichten und fügten sie anschliessend wieder zusammen zu einer gemeinsam, neuen Geschichte. Durch den mutualen Austausch von Erfahrungen und durch die gemeinsam generierten Narrative fühlten wir uns trotz unserer unterschiedlichen Hintergründe stärker miteinander verbunden.

Kann ich durch ein kollektives Erinnern, das eine Beziehung hervorhebt und somit das Vermischen und Durchkreuzen von Differenzen erlaubt, der Kontrolle der Narration in meiner Arbeit entgegenwirken? Ich glaube ja: Die Interviews, die ich mit den Frauen durchführe, werde ich in einem Buch sammeln. Dieses soll die Geschichten enthalten, die ich im gemeinsamen Gespräch erfahre, ergänzt mit fotografischen Portraits. Um das Machtverhältnis zwischen mir und den portraitierten Migrantinnen aufzuheben und gemeinsame Narrative zu ermöglichen, lade ich die Frauen dazu ein, das Buch zusammen mit mir zu gestalten.

«SPRACHE ALS SCHLÜSSEL ZUR INTEGRATION» – EINE METAPHER UND IHRE FOLGEN von Inés Mateos:
http://www.inesmateos.ch/files/6214/1993/2855/Ines_Mateos_Sprache_als_Schluessel.pdf

[1] POSTMIGRANTISCHE TÖNE – Exploration der Migrationsgesellschaft Schweiz am Beispiel eines Audiofeatures und einer diskursanalytischen Untersuchung von Michelle Akanji:
https://www.zhdk.ch/file/live/9d/9d8d37143a1cce25b78d8d-50499424b32ebacb26/dossier-theorie-und-methodik.pdf

DIE IDENTITÄTSKARTE IST EIN PHÄNOMEN DER UNMÜNDIGKEIT. DIE IDENTITÄTSKARTE IST EIN PHÄNOMEN DER UNMÜNDIGKEIT. DIE IDENTITÄTSKARTE IST EIN PHÄNOMEN DER UNMÜNDIGKEIT. DIE IDENTITÄTSKARTE IST EIN PHÄNOMEN DER UNMÜNDIGKEIT. DIE IDENTITÄTSKARTE IST EIN PHÄNOMEN DER UNMÜNDIGKEIT. DIE IDENTITÄTSKARTE IST EIN PHÄNOMEN DER UNMÜNDIGKEIT.

...ZUNG DER IDENTITÄT HAT DIE HÖCHSTE PRIORITÄT. DIE SICHERHEIT UND DIE BESCHÜTZUNG DER IDENTITÄT HAT DIE HÖCHSTE PRIORITÄT. DIE SICHERHEIT UND DIE BESCHÜTZUNG DER IDENTITÄT HAT DIE HÖCHSTE PRIORITÄT. DIE SICHERHEIT UND DIE BESCHÜTZUNG DER IDENTITÄT HAT DIE HÖCHSTE PRIORITÄT. DIE SICHERHEIT UND DIE BESCHÜTZUNG DER IDENTITÄT HAT DIE HÖCHSTE PRIORITÄT. DIE SICHERHEIT UND DIE BESCHÜTZUNG DER IDENTITÄT HAT DIE HÖCHSTE PRIORITÄT. DIE SICHERHEIT UND DIE BESCHÜTZUNG DER IDENTITÄT HAT DIE HÖCHSTE PRIORITÄT. DIE SICHERHEIT UND DIE BESCHÜTZUNG DER IDENTITÄT HAT DIE HÖCHSTE PRIORITÄT. DIE SICHERHEIT UND DIE BESCHÜTZUNG DER IDENTITÄT HAT DIE HÖCHSTE PRIORITÄT. DIE FREIHEIT UND DIE SELBSTBESTIMMUNG IST DIE HÖCHSTE PRIORITÄT. DIE FREIHEIT UND DIE SELBSTBESTIMMUNG IST DIE HÖCHSTE PRIORITÄT. DIE FREIHEIT UND DIE SELBSTBESTIMMUNG IST DIE HÖCHSTE PRIORITÄT. DIE FREIHEIT UND DIE SELBSTBESTIMMUNG IST DIE HÖCHSTE PRIORITÄT. DIE FREIHEIT UND DIE SELBSTBESTIMMUNG IST DIE HÖCHSTE PRIORITÄT. DIE FREIHEIT UND DIE SELBSTBESTIM-

DIE FREIHEIT UND DIE SELBSTBESTIMMUNG IST DIE HÖCHSTE PRIORITÄT. DIE FREIHEIT UND DIE SELBSTBESTIMMUNG IST DIE HÖCHSTE PRIORITÄT. DIE FREIHEIT UND DIE SELBSTBESTIMMUNG IST DIE HÖCHSTE PRIORITÄT. DIE FREIHEIT UND DIE SELBSTBESTIMMUNG IST DIE HÖCHSTE PRIORITÄT. DIE FREIHEIT UND DIE SELBSTBESTIMMUNG IST DIE HÖCHSTE PRIORITÄT. DIE FREIHEIT UND DIE SELBSTBESTIMMUNG IST DIE HÖCHSTE PRIORITÄT. DIE FREIHEIT UND DIE SELBSTBESTIMMUNG IST DIE HÖCHSTE PRIORITÄT. DIE FREIHEIT UND DIE SELBST-

VALENTIN*A KOBI

Systematisch sorglos

Ein Kommentar

Da ist dieser Vogel, der mich anschaut beim Pissen. Mit einer Sprechbiase fordert er «ein Leben nach Bedürfnissen und Fähigkeiten» – ich fühle mich wohler. Denn zeitweise fühlte ich mich auf den Toiletten unseres Instituts, als wäre ich in einer skurrilen Mischung aus Unterführung und Kindergarten gelandet. «Viva la Revulva» und andere queer-feministische Schriftzüge wurden von überdimensionalen Penissen penetriert, anderswo prangten entwürdigende pornografische Darstellungen und schwulenfeindliche Sprüche. Unter einem Foto der ehemaligen Hochschuldirektorin standen die Worte «You suck».

Zufälle sind das nicht. Manche Student*innen debattierten hitzig, viele schwiegen. Sicher waren es die Schmierereien einiger weniger. Es sind aber auch nicht diese dahingeschmierten Aggressionen, die mich noch immer beschäftigen, sondern vielmehr die Tatsache, dass andere so gleichgültig sind gegenüber dieser Gewalt an Frauen* und Queers. Es ist diese fehlende Aufmerksamkeit, die System hat.

Manche mögen solche Darstellungen als unwichtig abtun oder sie sogar tabuisieren, aber wir sollten uns um die Botschaften auf den Wänden unserer (immer noch) binär getrennten Toiletten kümmern. Hinterfragen, wie diese Bilder – ob konstruktiv oder destruktiv – in Toilettenräumen funktionieren und inwiefern wir das mitgestalten. Schliesslich gibt es wenig Orte, die wir – sobald unsere Mütter die letzte Windel entsorgt haben – häufiger besuchen. Wenig Orte, die wichtiger sind für die Befriedigung unserer Bedürfnisse.

«If a world can be what we learn not to notice, noticing becomes a form of political labour», schreibt die Wissenschaftlerin Sara Ahmed im Buch «Living a Feminist life»[1]. Darum geht es: Indem ich die WC-Kritzeleien, die Kleber und sonstige Toilettenkunst anschaue, anerkenne ich den sozialen Wert, die diskursive Dimension dieser Räume. Und daraus erwächst ein Bewusstsein für deren Gestaltbarkeit.

Das mittlerweile übermalte Porno-Graffiti über den Urinalen in der Männer*-Toilette war Ausgangspunkt für eine institutionsinterne Diskussion darüber, was in welchen Räumen unhinterfragt passieren und sein kann. Klar ist: Solange es genderspezifische Räume gibt, bleiben von klein auf erlernte Normen unhinterfragt – oder werden sogar noch reproduziert.

Infolge dieser hitzigen Debatte schrieben wir mit roter Farbe «Au Männer wänd das nöd» über das destruktive pornografische Bild in der Männer*-Toilette und kritzelten «The Future is fluid» an die Tür. Kurz darauf war unser Bekenntnis über dem Pissoir verschwunden, an der Tür waren nur noch Kratzer zu sehen. Auch anderswo am Institut wurden gezielt emanzipatorische, queer-feministische Sticker von den Wänden gerissen, während andere Kleber gleichenorts monatelang haften blieben. Es ist diese anonyme Art, Kritik zu üben, die System hat.

Auch die Menschen, die infolge der daraus entstandenen Debatte die Toilettentüren auf dem Campus mit «All Gender WC» beschriftetet hatten, taten dies anonym. Dadurch eröffnete sich ein Gedankenraum: Was wäre, wenn wir neben unseren Freund*innen, egal welchen Geschlechts, pinkeln und Hände waschen würden, wenn wir unsere Scham abbauen und öffentliche Toiletten als soziale Räume anerkennen und neu beleben würden?

«Ein Leben nach Bedürfnissen und Fähigkeiten»: Diese Forderung des gefiederten Filzstiftwesens auf der Toilettenwand stimmt mich immer wieder nachdenklich. Arbeiten wir hier, an einem Institut, das über die Zukunft von Design nachdenkt, wirklich progressiv und praxisorientiert, wenn wir die Gestaltung von Toiletten systematisch vernachlässigen und sie zu Nebenräumen unserer Gesellschaft degradieren? Schliesslich hängt unsere Lebensqualität direkt mit der Gestaltung dieser Orte zusammen.

In öffentlichen Toilettenräumen reihen sich enge, oft halb offene Kabinen aneinander, Armaturen werden, abgesehen von Klo-Schüssel und -Bürste, gemeinsam und damit vermeintlich effizient genutzt. Meist gibt es zwei getrennte Räume, die sich von aussen durch Piktogramme mit Hose oder Rock, Anschriften wie «Herren» oder «Damen», «m» oder «f» unterscheiden. Es scheint, als herrsche der Pragmatismus. Doch wessen Pragmatismus?

Der Pragmatismus derer, die sich im binären Geschlechtermodell noch wohl fühlen, die dünn und weiss sind, nicht menstruieren und keine Hilfe beim Toilettengang brauchen. Es ist der Pragmatismus derer, die Zugang zu riesigen Wasser-Ressourcen und Budget für externe Reinigungskräfte haben. Keine Rücksicht auf uns nehmen, die Vielen, die – aufgrund ihrer Einstellung oder psychischen und physischen Verfassung – in einer patriarchal-neoliberalen Welt nicht «pragmatisch» sein können oder wollen.

Wenn ich auf einem WC hinter verschlossener Tür sitze und mich sogar entspannen kann beim Scheissen im öffentlichen Raum, trotz den aggressiven Darstellungen um mich herum, dann ist das kein selbstverständlicher Komfort, sondern ein Privileg. Weil 2,3 Milliarden Menschen keinen Zugang zu hygienischen, sicheren, eigens für Ausscheidung designte Räume haben. Hier – im HyperWerk und auch sonst in der Schweiz – wird mir sogar noch von einer gefühlt 20-köpfigen Reinigungsequipe hinterher «gepützelt». Und wenn ich mich nicht kümmern mag, muss ich nicht einmal die Schüssel ausbürsten. Es ist diese Sorglosigkeit, die System hat.

1 Ahmed, Sara. 2017. Living a Feminist Life. Duke University Press, Durham. S. 32

SERAFINA NDLOVU

Rassismus und Solidarität

152

Alle paar Monate erlebe ich schwerwiegende rassistische Übergriffe. Als Kind auf dem Schulhof, heute fast überall. Ich wurde auf offener Strasse bespuckt, geohrfeigt, beschimpft, meine weisse Mama wurde gefragt, ob sie mich irgendwo gekauft hat. Dies und alles, was ich nicht aufgezählt habe, geschah im öffentlichen Raum, im Bus oder am Bahnhofplatz zu Stosszeiten. Und nicht ein einziges Mal ist mir ein*e Zeuge*in zur Seite gestanden. (Die unzähligen alltäglichen, subtilen und schleichenden Übergriffe sind hier nicht mitgezählt.) Für mich gibt es in der Migros keine Haarprodukte. Es gibt nur die für «normales» Haar, was auch immer das sein soll. Fremde sprechen mich, wenn überhaupt, auf Hochdeutsch oder Englisch an, und wenn ich Menschen, die ich nicht kenne, erzähle, dass ich im Bachelorstudium bin, gratulieren sie mir begeistert. Schon die Tatsache, dass ich diese Erlebnisse hier auflisten muss, um mir die Berechtigung einzuholen, über Rassismus zu schreiben, ihn zu benennen, macht dieses Land, mich und dich rassistisch.

Strukturell sind diese Vorfälle, weil genau diese Täter*innen meine Selbstwahrnehmung mein Leben lang so geprägt haben, dass ich bei Attacken zurückweiche, Recht gebe, mich klein mache, zum Schutz. Selbstunterdrückung anstelle von Selbstwert ist eine Konsequenz von strukturellem Rassismus. Sich internalisierte Unterdrückungsformen anzueignen, um einen allfälligen Übergriff jederzeit abschwächen zu können, ist ein Mechanismus, den ich bei mir als schwarze Schweizerin und auch bei vielen anderen People of Color (PoC) und anderweitig marginalisierten Menschen beobachte.

In der Schweiz gibt es kaum Communities von schwarzen PoC. Das hat auch damit zu tun, dass wir Rassismus kaum beim Namen nennen und ihn somit inexistent machen. Das geht so weit, dass sich PoC nicht zusammenschliessen, weil das nicht benannte Problem von allen nicht Betroffenen, aber (Mit)schuldigen irrelevant gemacht oder marginalisiert wird. Das wiederum zeigt auf, wie gewalttätig unser westliches Denken denen gegenüber ist, die in diesem Verständnis «schwächer» sind als die breite Masse. Wer gegen den Strom ein Unbehagen äussert, ist schwach und wird zurückgelassen.

Diesen Frühling habe ich das erste Mal in meinem Leben erkannt, dass es nicht in Ordnung ist, wie ich normalerweise in der Öffentlichkeit behandelt werde. Ich möchte nicht weiter auf den Übergriff, der an einem Konzert stattgefunden hat, eingehen, weil ich ihm hier keinen Raum geben will. Dieser kurze Vorfall hat mich ungefähr zwei Wochen Wiederherstellungsarbeit, Vertrauensaufbau und Selbsttherapie gekostet, um wieder ähnlich wie davor weitermachen zu können.

«Gewaltdynamiken, das machen soziologische Untersuchungen deutlich, weisen nicht als Pfeil von Täter zu Opfer, sondern haben die Form eines Triangels», schreibt Sasha Marianna Salzmann im Buch «Eure Heimat ist unser Albtraum».[1] Diskriminierung, Ausgrenzung und Zerstörung finden demnach in einem Spannungsfeld von drei Parteien statt: «die angegriffene Person, der_die Angreifer_in und als Drittes die Gruppe, die sich nicht zu der angegriffenen Person stellt. Die wegsieht, die behauptet, nichts sei geschehen. Die versucht das Geschehene, unkenntlich zu machen, und dem Opfer zuredet, es solle kein Aufsehen erregen, indem es den Übergriff publik macht. Für die angegriffene Person kommt das unmittelbare Übel von dem_der Angreifer_in, das nachhaltige jedoch von der Gruppe, die wegschaut. Für sie ist es keine Überraschung, von jemandem attackiert zu werden, der voller Hass auf ihren Lebensstil ist.

Dass aber Menschen zuschauen und nicht eingreifen, nicht helfen, vielleicht im Nachhinein sogar das Geschehene leugnen, verursacht die Verletzung, die sie in ihrem Grundvertrauen erschüttert.»

Die traumatischen Erlebnisse, die mein gesamtes Leben gezeichnet haben und somit die Frage nach der Existenz von Rassismus beantwortet haben sollten, sind offenbar nur dann der Rede wert, wenn sie von weissen Menschen validiert werden. Das geschieht – sofern die Person dazu die nötige Lust verspürt – nur dann, wenn ich ihnen meine Erlebnisse in mundgerechten Stücke verfüttere, so formuliere, dass meine Argumente einleuchten und nach einem langen Schweigen für Grund genug anerkannt werden, dass dieser besondere Spezialfall ja schon rassistisch konnotiert hätte sein können. Dass sich Menschen erlauben, meine Aussagen als nicht valide zu werten, weil sie sich meine Realität nicht vorstellen können, zeigt, dass sie ihre Privilegien stumpf gemacht haben. Und dass sie nur eine Art von Wissen kennen, nämlich ein von weissem, westlichem Denken geprägtes.

Ein Problem von Rassismus und anderen Diskriminierungsformen ist, dass wir ihnen hässliche Fratzen zuschreiben, sie verteufeln und somit die nötige Arbeit und Selbstreflexion verneinen: Rassistisch sind Nazis, der KKK, die AfD und SVP – aber sicher nicht wir. Genauso halten wir die Erkenntnis, dass wir in einem rassistischen Konstrukt nicht in der Lage sind, nicht rassistisch zu sein, weit weg von uns und nehmen uns auch nicht der antirassistischen Haltung an, die zur Auflösung dieser Unterdrückung führen würde. Solidarität ist eine Aktion, ist Arbeit, kein Stempel und keine Entscheidung, die Bequemlichkeit zulässt.

Mein Ziel ist es nicht, weisse Menschen – erst recht nicht alle weissen Menschen – anzuklagen. Ich bin es nur satt, meine Traumata zu Unterhaltungs- oder im besten Fall zu Bildungszwecken zur Verfügung zu stellen. Ich versuche, hier Beziehungen zu führen, zu leben, zu sein. Nur machen selbst meine vertrautesten Bezugspersonen immer und immer wieder dieselben Schritte vor und anschliessend wieder zurück. Ich kann und will diese Erklärungsarbeit nicht mehr leisten. People of Color haben sich mit der Benennung von Unrecht nicht bereiterklärt, ihre Traumata öffentlich zu präsentieren. Die Äusserung von Unbehagen ist kein Angebot für Bildung, sondern ein Hilferuf nach echter Solidarität.

Ich nenne das die Unterdrückungsspirale: Wenn meine weissen Mitmenschen meine Verletzung oder mein Misstrauen nicht nachvollziehen können, erwarten sie von mir Auf- und Erklärungsarbeit. Was aber bei mir nur zur Reproduktion traumatischer Erlebnisse führt, nur damit die besagte Person sich für ach so aufgeklärt hält. Dass dies eine weitere Form von Ausbeutung und Unterdrückung von unsichtbar gemachten Menschen ist, wird grundsätzlich nicht bedacht. Damit wird Unterdrückung zum Problem der Unterdrückten gemacht, statt dass sich die Täter*innen selbst hinterfragen.

Ich habe vor einigen Wochen mit meiner Mama über Rassismus gesprochen. Ihr erklärt, dass sich die Anzahl Menschen, denen ich mittlerweile noch vertrauen kann, immer verkleinert und sie gebeten, sich mit meiner Realität auseinanderzusetzen. Ich habe ihr erklärt, dass ich unsere Beziehung gefährdet sehe, wenn sie irgendwann nicht mehr versteht, warum ich der Schweiz gegenüber bitter werde. Am selben Abend noch hat sie sich drei Ebooks gekauft und ist seither zur Antirassismus-Aktivistin geworden. Ohne dass ich ihr auch nur einmal erklären musste, weshalb die Auseinandersetzung mit diesem Thema auch für sie als Weisse relevant ist. Meine Mama ist und war schon immer mein Vorbild. Es sollten sich mehr Menschen eine Scheibe von ihr abschneiden und mit ihrem Unwissen so umgehen, wie sie es tut.

Es gibt unzählige Medien, auf die mensch ungehindert jederzeit zurückgreifen kann, um dazuzulernen. Zahlreiche Menschen haben aus ihren Erfahrungen Texte, Bücher, Sendungen erarbeitet und zur Verfügung gestellt, die für diese Aufklärung verwendet

werden können. Es gibt also keinen Grund, dort nachzubohren, wo versucht wird, zu heilen. Sich mit meiner Realität auseinanderzusetzen tut weh. Vor allem mir, immer und immer wieder, nur wird sich an diesem Zustand nichts ändern, solange wir nicht laut werden, nicht sichtbar werden.
Antirassistisch zu leben heisst, Spielverderber*in zu sein. Heisst präsent zu sein, heisst, eigene Privilegien für jene einzusetzen, denen diese fehlen.

Ich sehe die Schweizer Neutralität als Mechanismus, der direkt mit der Unterdrückung von Schwächeren, global sowie lokal, in Verbindung steht. Wir sind abgeschottet von den Auswirkungen unserer Handlungen, Neutralität ist eine feige Haltung, und ich bin nicht bereit, diesen Zustand weiterhin zu tolerieren. Wir müssen aufhören, unsere Privilegien auf der Unterdrückung von anderen aufzubauen, um unseren Wohlstand zu sichern. Nicht nur für den Rest der Welt, sondern auch für uns selbst. Weil wir einsehen müssen, dass unsere Leben keine isolierten Realitäten sind, sondern dass wir einander beeinflussen, in allem, was wir tun, immer.

«The Master's Tools Will Never Dismantle the Master's House.»

AUDRE LORDE[2]

1 Fatma Aydemir, Hengameh Yaghoobifarah. 2019. Eure Heimat ist unser Albtraum. Ullstein, Berlin. S. 21.
2 https://www.activistgraduateschool.org/on-the-masters-tools, aufgerufen am 9.7.2018.

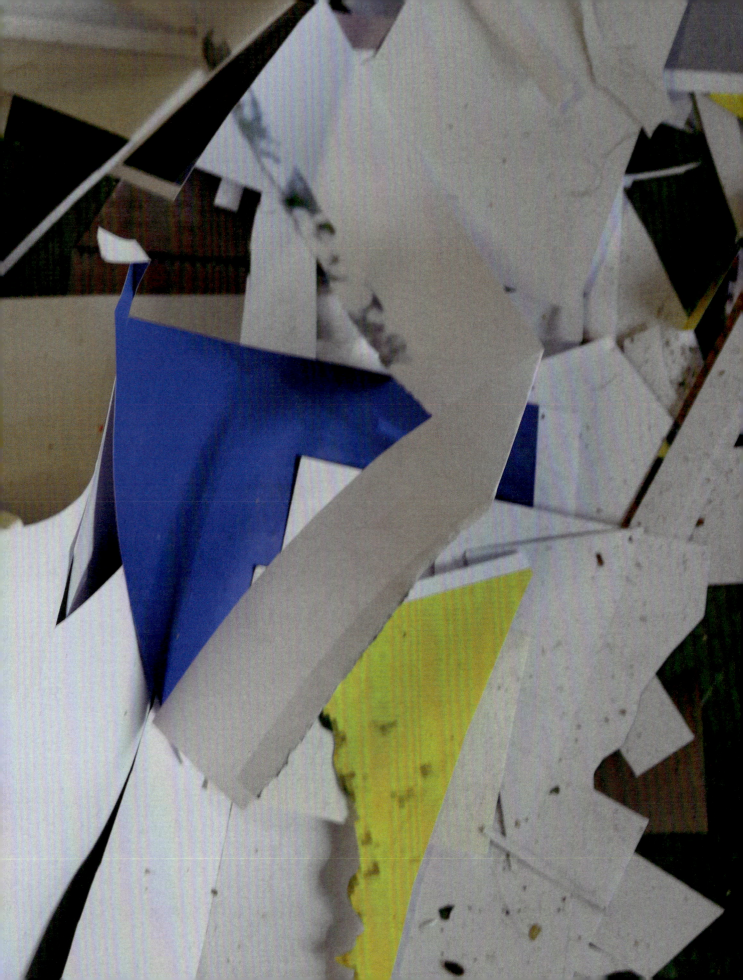

MAX SPIELMANN & SOTIRIOS BAHTSETZIS

Doing Care III

Sorgen um das Seiende – *matter*-realistische Ontologien

Spinoza distanziert sich vom cartesianischen Fundamentalsatz über das Cogito, soweit dieser mit der Trennung zwischen Denken und Materie (Zweisubstanzenlehre von *res cogitans* und *res extensa*) und damit mit der Einführung eines transzendenten, abstrakten Gottesbegriffs notwendig verbunden ist (Rölli 2018. S. 33). «Im Appendix zum ersten Buch der Ethik unterstreicht Spinoza, dass das gewöhnliche (religiöse, scholastische) Gottesverständnis anthropomorphe Züge trägt, gerade weil das menschliche Bewusstsein als ungefragte Ausgangstatsache in Anspruch genommen wird.» (S. 33) Gott ist ein Effekt des Anthropos, und sein Anthropomorphismus folgt der Repräsentationslogik einer von Gott inspirierten Philosophie – ein fundamentaler logischer Fehler. «Wird nämlich an dem Vorurteil festgehalten, dass ‹alle Dinge in der Natur handelten, wie [die Menschen] selbst, um eines Zwecks willen›, so leitet sich daraus das Erfordernis ab, einen Gott als Schöpfer der Natur und damit der Zweckmäßigkeit der Dinge festzustellen bzw. einen mit menschlicher Freiheit begabten Lenker der Natur.» (S. 33) Das ist der Begründungsmoment des Anthropozäns und der «rationalen», zweckorientierten Technowissenschaft. Mit der Hilfe Gottes wird nicht nur zwischen den getrennten Bereichen des Körperlichen und des Geistigen vermittelt, sondern das Körperliche, das Materielle wird diesem Geist auch unterworfen. Die momentane Debatte über die Besiedlung des Planeten Mars, die aus rein überlebenstechnischen Gründen des Menschen veranstaltet wird, bezeugt genau diese konzeptionelle Blindheit zweckrationalen Denkens: Anstatt unseren Planeten zu heilen, sind wir bereit, einen zusätzlichen Planeten womöglich zu zerstören. Wir kümmern uns nicht um das Seiende.

Foucaults Programm der Analyse von Subjektivierungsweisen in der Geschichte der Moderne beinhaltet ein potenzielles Emanzipationsprogramm, das von zeitgenössischen Denker*innen vor allem des kritischen Feminismus sowie queerer, rassismuskritischer und postkolonialer Theoriebildungen explizit aufgegriffen und weiterentwickelt wurde. Die universellen Randbedingungen der Moderne bewegen die Menschen dazu, sich selbst zu produzieren. Die Aufklärung ist Teil dessen, was determiniert, wer wir sind – deshalb ist es unmöglich, für oder gegen sie zu sein. (Ingram 2003. S. 267) Wir bleiben immer innerhalb des Erfahrungshorizonts der Moderne. Das Zeitalter des Humanismus ist so neu zu deuten, damit eine neue gesellschaftliche Ordnung und ein neues Verständnis des Selbst überhaupt möglich und politisch relevant werden können.

Karen Barad, eine gelernte Physikerin, deren Denken in der Physikphilosophie der Quantenmechanik gegründet ist, schlägt einen revidierten Begriff des Subjekts vor. Sie definiert *agency* (Handlungsmacht; Handlungskompetenz; Handlungsfähigkeit) nicht als inhärentes Merkmal, das ein autonomes Individuum oder ein Objekt *a priori* trägt. Sie ist auch nicht eine *a posteriori* erscheinende, sich den Sinnen und der Erkenntnis darbietende Qualität. Vielmehr entsteht sie immer in unzertrennlichen Verschränkungen (Barad 2012. S. 20): «Die Wirklichkeit besteht nicht aus Dingen-an-sich oder Dingen-hinter-den-Phänomenen, sondern aus Dingen-in-den-Phänomenen.» (S. 21) Alles ist mit allem anderen verflochten oder besser gesagt verschränkt, so dass jeder Akt der Beobachtung einen «Schnitt» darstellt zwischen dem, was betrachtet wird, und dem, was aus der Beobachtung ausgeschlossen wird. Nichts ist von Natur aus von irgendetwas anderem getrennt, aber es werden vorübergehend Trennungen vorgenommen, damit man etwas lange genug untersuchen kann, um Wissen darüber zu erlangen. Dies ist ein wohlbekanntes Faktum in den Laboratorien der Quantenmechanik, in denen die eigentliche Präsenz des*r Wissenschaftlers*in im Labor als Variable eines Zustands mit berücksichtigt wird. Es handelt sich dabei um verschränkte Zustände, die den gesamten Kosmos ausmachen. Ein verschränkter Zustand entsteht jedes Mal, wenn zwei Teilsysteme miteinander wechselwirken und sich danach verschiedene, aber aufeinander abgestimmte Möglichkeiten ergeben.

Barad weitet die physikalisch grundlegende Tatsache der Verschränkung auf alle Bereiche der menschlichen Existenz aus. Die erstaunliche Leistungsfähigkeit des Gehirns wäre demnach unter anderem auf Korrelationen und Verschränkung zwischen elektronischen Zuständen in den Neuronen zurückzuführen, wie Stuart Hameroff und Roger Penrose vorschlagen.[1] Sogar denkende und handelnde Subjekte wären demnach nicht ausserhalb einer Interaktion mit anderen Subjekten und Objekten zu erfassen. Eine Interaktion, die implizit immer Wissen über diese handelnden Subjekte herstellt, produziert zugleich diese Subjekte, weil sie die materielle Bedingung der Existenzmöglichkeit von Subjekten bereitstellt. Barads Intra-aktion steht für eine fundamentale Infragestellung einer anthropomorphen Metaphysik, die auf der Grundannahme der Existenz autonomer Individuen beruht, durch die der Kosmos zu entziffern sei. Die Physik hat sogar bewiesen, dass Zeit *per se* sich auf Relationen gründet. Wie der Physiker Carlo Rovelli sagt, gibt es zwischen der Vergangenheit und der Zukunft eines Ereignisses (zum Beispiel zwischen der Vergangenheit und der Zukunft für Sie, wo Sie sich gerade befinden, und in dem Moment, in dem Sie gerade lesen) eine «Zwischenzone», eine «erweiterte Gegenwart». Eine Zone, die weder Vergangenheit noch Zukunft ist (Rovelli 2018. Zusammengefasst S. 51). Subjekte sollten demnach als solche erweiterten Entitäten verstanden werden, die aus Interaktionen mit ihrer denkenden, fühlenden und materiellen Umwelt entstehen.

Es ist eindeutig, dass für Barad im Grunde genommen der gesamte Kenntnisfundus zeitgenössischer Physik, die Frage des Seins nicht von der Frage des Wissens unterschieden werden kann. Und somit wird die grundlegende, wissenschaftlich-disziplinäre Unterscheidung zwischen der Erkenntnistheorie (Epistemologie) und der Lehre vom Sein (Ontologie) verworfen. Leider hat dieses Denken die Apparate, Institutionen und Diskurse unserer Zeit noch nicht verändert. Es ist notwendig, die humanistischen Konzepte der Identität und Authentizität eines Selbst beiseite zu legen; deshalb plädieren Barad und Braidotti für ein neues, *matter*-realistisches Paradigma. Das gesamte 20. Jahrhundert konnte tatsächlich als «The Century of the Self» bezeichnet werden – so der Titel der preisgekrönten BBC-Dokumentation von Adam Curtis aus dem Jahr 2002. Alles in diesem Film dreht sich um dieses narzisstische Selbst und seinen Selbstverwirklichungsanspruch. Wie Andreas Reckwitz bemerkt: «Das philosophische Denken der Moderne ist zunächst zentriert auf das Subjekt als eine autonome, sich selbst begründende Instanz, die zugleich zur

ANDREA ITEN

*Lose Spiele, grosse Augen,
seltene Blüten,
klirrende Gläser,
rauschende Nächte
selten gelacht.*

*Voll und leer –
mehr und mehr
zweite und dritte –
und in der Mitte
ein leeres Glas,
verdorrtes Gras.*

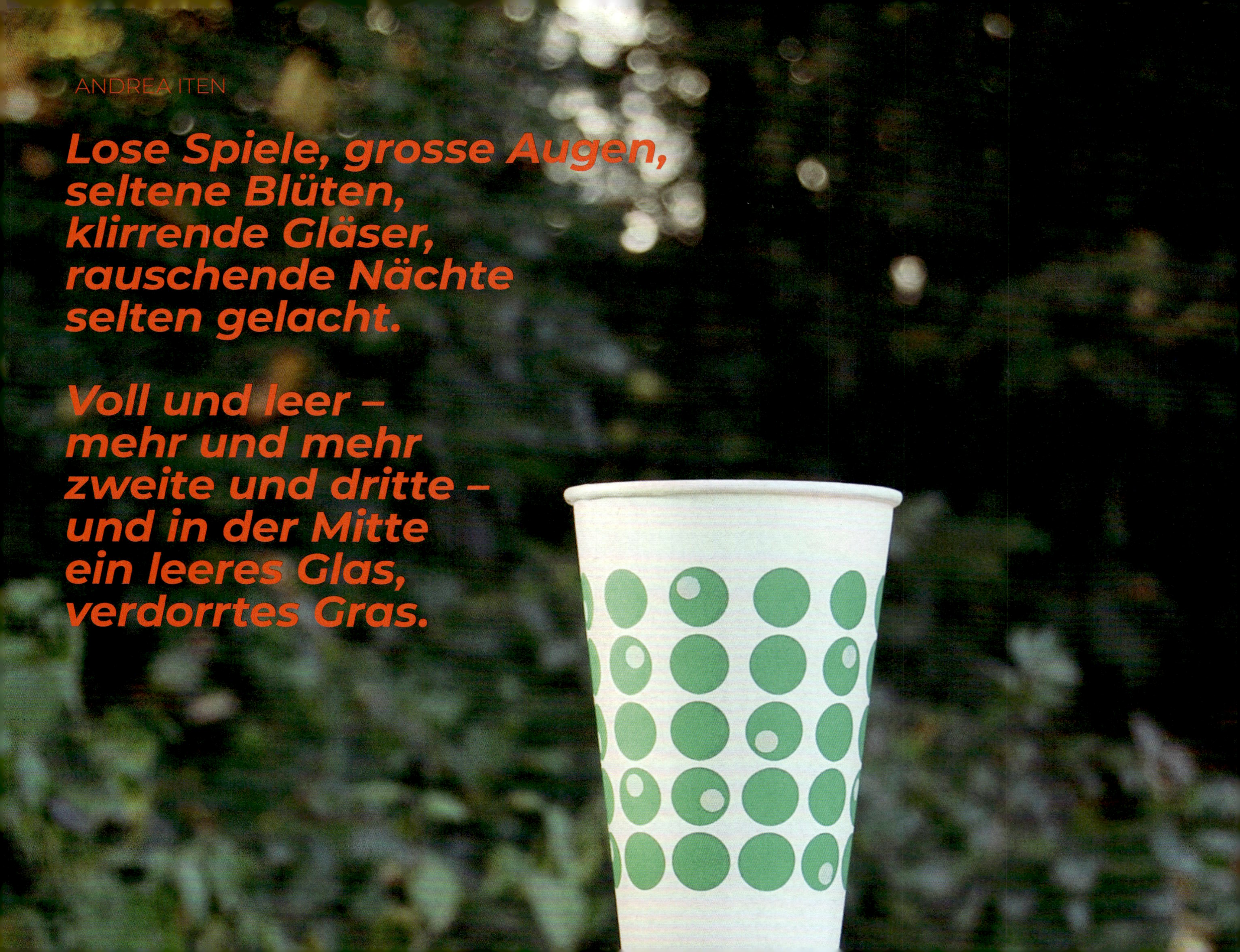

Schlüsselfigur der modernen politischen, ökonomischen, ästhetischen und religiösen Emanzipationsbewegungen avanciert.» (Reckwitz 2008. S. 75) «[Die klassische Subjektphilosophie] basiert damit insgesamt auf Semantiken einer sich selbst begründenden, ihrer selbst transparenten Subjektivität, die als ein Ensemble von Eigenschaften des Mentalen und des individuellen Handelns eingeführt wird. Diesen Merkmalen werden regelmäßig Allgemeingültigkeit und das Potential zur Rationalität zugeschrieben.» (S. 76) Laut Reckwitz bildet die Einführung des Subjekts als individualisiertes Cogito und damit als Instanz des Selbstbewusstseins und der Selbstreflexion, die von Descartes bis zur Philosophie des Deutschen Idealismus gilt, eine der Grundlagen dieser Denktradition. Die negative und immer wieder verdrängte Kehrseite dieser Instanz war, den tierischen oder den vegetativen Menschen in seiner ganzen Vielschichtigkeit zu negieren. Die affektive Dimension des menschlichen Daseins sollte durch die neu entwickelte Wissenschaft der Psychologie studiert und womöglich kontrolliert werden, so dass das Cogito zum einzelnen Akteur des gesellschaftlichen Tuns avancierte. Leider wurden die positiven Aspekte eines affizierten und eines zum Affizieren tauglichen Organismus nur den Künsten und deren angrenzenden Bereichen überlassen.

Zugleich etabliert die individualistische Sozialphilosophie in Grossbritannien den autonomen, eigeninteressierten und mit einem moralischen Sinn ausgestatteten individuellen Akteur als Träger eines gesellschaftlichen Vertrags. Dieser gesellschaftliche Vertrag gründet sich hauptsächlich auf der hegemonialen Macht des europäischen weissen heteronormativen Mannes und seiner «Bürgerrechte», definiert als Ansprüche auf uneingeschränkten Konsum. Kolonialismus, Sklavenhandel und einheimischer Kapitalismus sind die verborgenen Mittel, durch die das Privateigentum und die Steuerung von Produktion und Konsum über den oligopolen, *winner-takes-it-all*-Markt gesichert wird. Adam Smiths freier Markt war (und ist immer noch) ein beruhigender Euphemismus in dieser naiven Narration. Proletarier*innen, Frauen, Kinder, Menschen anderen ethnischen Hintergrunds, anderer sexueller Orientierung, anderer körperlicher Tauglichkeit waren aus diesem Subjektbegriff ausgeschlossen. Der gesellschaftliche Vertrag des späten 18. Jahrhunderts zur Stärkung der Demokratie hat zu einer Krise der Demokratie zu Beginn des 21. Jahrhunderts geführt. Das heutige soziale Leben ist notwendigerweise individualistisch, und die gemeinsame, gesellschaftlich relevante, sogar politische Aktion wird jetzt (falls überhaupt) vom *networked self* und dem *network of users* getragen. Personenzentrierte Beziehungsgestaltung schafft freiwillige und vertragsähnliche laterale soziale Strukturen, die flexibel, aber vergänglich sind. Sie erfordern ein kontinuierliches «Networking», um sie zusammenzuhalten und auf der aktuellen Basis an sich ändernde Umstände anzupassen (Streeck 2017. S. 49).

Anstatt die gemeinsame Lebensenergie, die Libido, den *Elan vital* zu bejahen, wollen wir auf Kosten anderer das grosse Stück aus dem Kuchen für uns behalten – wir als Individuen, als Communities, als Nationen, als Spezies. Psychotherapeut*innen, Coaches und Advertiser haben uns dazu aufgeschwungen, eine globale Kultur der politischen und psychologischen Selbstbefriedigung zu kreieren. Affektpolitik bedeutet, der momentanen Überpsychologisierung unseres Lebens nachzugehen. «Kern dieses Entwurfs einer Ethik ist eine positive Auffassung vom Subjekt als einem radikal immanenten, intensiven Körper.» (Streeck 2017. Übersetzt nach S. 26)

Laut Braidotti bilden Aufmerksamkeit, Sorge und Verantwortung allen gegenüber, die uns – obwohl anders als wir – als gleichgestellt zu betrachten sind, die Grundlagen dieser neuen Denk- und Handlungsweise. Dies bedeutet auch, keinem bequemen Optimismus nachzugeben, sondern vielmehr Resignation, Passivität und Schmerz lebensbejahend zu affirmieren. Affektpolitik ist keine Schönfärberei, die unsere gekränkten Egos pflegen soll, sondern eine echte Begegnung mit allen Anderen, als ebenfalls im Werden befindliche Entitäten – oder als Dividuen, um einen Begriff von Gilles Deleuze zu verwenden (Deleuze 1993. S.258). Sich zu verändern bedeutet offensichtlich auch nicht, unseren Wunsch nach dem Neuen auf «zwanghafte Formen des Konsumierens zu reduzieren» (Braidotti 2018. S. 21), sondern diesen Wunsch um alltägliche, kleine Akte zu erweitern, die die Fähigkeit des Subjekts zu Interaktion und Freiheit steigern.

Die Mittel, womit diese neue Subjektivität realisiert werden kann, liegen uns bereits vor. Anstatt immer wieder Gefühlen der Verzweiflung, der Reue, des Ressentiments und der lähmenden Angst nachzugeben, sollten wir eine positive Ethik der Affirmation ausbilden, die laut Braidotti eine Position der Fürsorge für zoe ist. «Deswegen geht es affirmativer Ethik ebenso darum, die Verbindungen zu nicht-menschlichen, inhumanen und schneller-als-menschlichen Kräften neu zu gestalten. Diese ‹öko-sophische› Dimension steht in Resonanz mit dem hohen Maß technologischer Vermittlung, in einer Bewegung, die die Suche nach einer Ethik der Affirmation nicht nur auf globale, sondern auch auf planetarische und kosmische Dimensionen ausgeht.» (S. 16). Es geht nicht um eine «Herrentheorie, sondern um vielfältige, mikropolitische Formen des alltäglichen Aktivismus» (S. 21), der den Schmerz – sei er privat oder eher als Schwermut über die eigene Unzulänglichkeit gegenüber der Welt empfunden – nicht verleugnet, sondern ihn vom melancholischen Mikrokosmos jedes Einzelnen abkoppelt, um ihn durchzuarbeiten und ins Positive zu wenden.

Braidotti schlägt als Alternative nicht einen schönfärbenden Optimismus vor, der sich als gesellschaftlicher Optimierungsprozess versteht und jederzeit in die Dystopie umschlagen kann, sondern eine nomadische Ethik, die das freudige Leben bejaht. Sie schlägt uns vor, die «Ewigkeit in der Zeit» zu verwirklichen (S. 47). Voraussetzung dessen wäre aber, die affektive Dimension der zoe anzunehmen. *Care* bedeutet, den Zustand einer emotionalen Beziehung zu etwas aufbauen zu können.

LITERATUR
Barad, Karen. 2012. Agentieller Realismus. Über die Bedeutung materiell-diskursiver Praktiken. Suhrkamp, Berlin
Braidotti, Rosi. 2018. Politik der Affirmation. Merve, Berlin
Deleuze, Gilles. 1993. «Postskriptum über die Kontrollgesellschaften» In: Unterhandlungen. 1972 – 1990. Suhrkamp, Frankfurt a.M.
Ingram, David. 2003. «Foucault and Habermas». In: Gary Gutting (Hg.). The Cambridge Companion to Foucault. Cambridge University Press, Cambridge (UK)
Reckwitz, Andreas. 2008. «Subjekt/Identität: Die Produktion und Subversion des Individuums». In: Moebius, Stephan / Reckwitz, Andreas (Hg.). Poststrukturalistische Sozialwissenschaften. S. 75 – 92. Suhrkamp, Frankfurt am Main
Rölli, Marc. 2018. Immanent denken. Deleuze – Spinoza – Leibniz. Turia + Kant, Wien
Rovelli, Carlo. 2018. Die Ordnung der Zeit. Rowohlt, Hamburg
Streeck, Wolfgang. 2017. How Will Capitalism End? Essays on a Failing System. Verso, London

1 Quelle: https://en.wikipedia.org/wiki/Orchestrated_objective_reduction – zuletzt aufgerufen am 6.7.2019

LAURA PREGGER

In Bewegung

Die Schweiz hat als eines der letzten Länder weltweit 1971 das Frauenstimmrecht eingeführt. Die Folgen sind bis heute spürbar. Am 14. Juni 1991 wurde das erste Mal feministische Gesellschaftskritik in Form eines nationalen Frauenstreiks laut und deutlich hörbar und vor allem öffentlich sichtbar. Damals war ich sechs Jahre alt und habe leider nur ganz zaghafte Erinnerungen daran. Ich gehöre einer Generation an, in der sowohl «Feministin» als auch «Emanze» als Schimpfwörter galten, die Gleichstellung als erfolgt verstanden wurde und damit nicht anzusprechen war. Heute, 28 Jahre nach dem ersten, folgte endlich ein zweiter nationaler Frauen*streik. Er reiht sich ein in die langwierige, aber widerständige Frauen*-Geschichte der Schweiz. Mehr als eine halbe Million Frauen* haben erneut die Arbeit niedergelegt und ihrer Wut, aber auch ihrer Solidarität untereinander Ausdruck verliehen. Land- wie Stadt-Frauen* organisierten sich dezentral in über 30 Streikkomitees. Gemeinsam wurde diskutiert, was nicht länger verschwiegen und toleriert werden konnte und jetzt und sofort geändert werden muss. Die basisdemokratische Organisationsform erlaubte, Forderungen aus den unterschiedlichsten Perspektiven herauszustellen und Ideen zu spinnen, die direkt an die Lebensumstände der politisierten Frauen* anknüpfen. Noch nie war eine Bewegung so divers. Auch deshalb sollte nicht mehr nur von einem Frauenstreik, sondern von einem queer-feministischen Streik gesprochen werden, der gender-queere Menschen als Teile der Bewegung versteht. Der Asterisk hinter «Frauen» ist ein anderer Versuch zu markieren, dass die Kategorie Frau ein soziales Konstrukt ist und wir selbst bestimmen, was wir darunter verstehen wollen. Wir sind einander als Studentinnen*, Migrantinnen*, LGBTQIA-Menschen, Hausfrauen*, Chefinnen*, Kindergärtnerinnen*, Kauffrauen*, Aktivistinnen*, Ärztinnen* und insbesondere als Menschen in den regional organisierten Komitees begegnet und haben uns im Zuhören geübt, Lebensrealitäten ausgetauscht, uns gegenseitig gebildet. Im Verbinden sind Bande der Solidarität entstanden, auch über Landesgrenzen hinweg.
Die Ökonomin Mascha Madörin bringt es auf den Punkt: Frauen* verdienen in der Schweiz 108 Milliarden Franken weniger als Männer – obwohl sie gleich viele Stunden arbeiten. Zwei Drittel der unbezahlten Care-Arbeit werden von Frauen* und insbesondere von Migrantinnen* geleistet. Frausein ist in der Schweiz ein Altersarmutsfaktor. Die Arbeit eines Bankers ist mehr wert als die einer Altenpflegerin.

Frauen*, die öffentlich sprechen, wird grundsätzlich mit mehr Skepsis und Wertung begegnet. Alle 20 Tage wird in der Schweiz eine Frau* von ihrem Partner* oder Ex-Partner* umgebracht. Frauenkörper dienen noch immer der Vermarktung von Produkten und werden als Objekte beurteilt. Gender-queere Menschen und Frauen* fehlen nach wie vor als Stimmen auf Podien, im Parlament und auf Professuren. Frauen* und insbesondere queer-feministische Perspektiven werden noch immer weitgehend aus dem Bildungskanon ausgeschlossen. Frauen* und gender-queere Menschen wollen über ihren Körper, ihre Beziehungen, über ihr Wissen, über ihre Grenzen und über ihre Bewegungsfreiheit Tag und Nacht selbst bestimmen.

Was, wenn anstelle des Kapitals das Leben im Zentrum stünde? Das Bejahen pluraler Identitäten, die sich solidarisch und im Werden verstehen, ist dafür eine wunderbare Grundlage. Ein derart selbstbestimmter öffentlicher Raum tat sich am 14. Juni 2019 auf. Noch nie habe ich in so viele unterschiedliche, freudige, kämpferische Gesichter geschaut. Solidarität, Wut und Mut haben sich zu einem Moment realer Utopie formiert und sich in unsere Körper eingeschrieben.

Auch wir am HyperWerk schauen auf ein bewegtes Jahr zurück, das den vielversprechenden Jahresthema-Titel trägt: Verbinde die Punkte – Doing Care. Die Bezüge zum queer-feministischen Streik sind für mich offensichtlich. Indem wir Punkte verbinden, werden Zusammenhänge und damit Strukturen sichtbar. So können wir sie analysieren, kritisieren, dekonstruieren, aber auch gemeinsam (um-)gestalten. Sich um die einzelnen Punkte zu sorgen, sie in ein Gleichgewicht zu bringen, möglichst unterschiedliche Perspektiven und Stimmen hörbar zu machen, damit ein diverses und sensibles Umfeld entstehen kann – dieses Anliegen und die Frage, wie wir in Zukunft zusammen leben wollen, können das Institut HyperWerk und die diversen Streikforderungen in Zukunft zusammenführen. Für mich beschreibt dies sowohl das Forschungsfeld als auch die Praxis von Doing Care.

In der Konsequenz bedeutet das jedoch auch, mir meiner Komfortzonen bewusst zu werden und die Offenheit immer wieder von Neuem zu suchen. Mich in der Unsicherheit, im Nichtwissen, im Nichtverstehen einzurichten – und auf diesem ungewohnten Terrain Gespräche und damit Beziehungen auf Augenhöhe einzugehen – ist mein neues Lern- und Übungsfeld, um mit Machtverhältnissen sorgfältig umzugehen. Als weisse Cis-Frau bin ich privilegiert, weil ich mich mit meinem bei der Geburt festgestellten Geschlecht identifiziere. Ich werde als Frau gelesen und angesprochen. Trans*-, Inter*- oder non-binäre Menschen erfahren strukturelle Diskriminierungen, weil die gesellschaftlich normierte Geschlechterdichotomie von Cis-Frauen und Cis-Männern ein viel zu enges und gleichzeitig abwertendes Raster vorgibt. Als weisse Frau werde ich mit strukturellen Abwertungsmechanismen in Form von Sexismus konfrontiert. Ich weiss, was es heisst, in einem Familienmodell aufzuwachsen, das nicht den Normvorstellungen entspricht, und wie es ist, mit wenig Geld auskommen zu müssen. Ich habe jedoch keine Vorstellung davon, was es tatsächlich bedeutet, wenn eine Person sich wegen ihrer Hautfarbe oder Herkunft kontinuierlich in rassistischen Situationen wiederfindet, oder wie es sich anfühlt, meiner romantische Liebe zu einem Menschen nicht ohne Gefahr öffentlich Ausdruck verleihen zu können. Privilegiertsein bedeutet nicht, glücklicher oder wohlhabender zu sein, sondern, sich bestimmte Fragen nicht stellen zu müssen. Privilegien sind ein künstliches Vorrecht, das durch strukturelle Diskriminierung beispielsweise in Form von Rassissmus, Klassissmus, Sexismus, Ableism oder Heteronormativität entsteht. Eine weitere wichtige Erkenntnis ist für mich, dass Menschen durch dieses System auch mehrfach diskriminiert werden. Ich versuche zu lernen und zu verstehen, was das für mich, aber auch für andere Menschen in der Konsequenz bedeutet. Für mich beginnt es mit dem Eingeständnis, dass meine Gedanken von Normvorstellungen und struktureller Diskriminierung wie beispielsweise Rassismus oder Sexismus durchdrungen sind. Wie kann ich und möchte ich mit meinen Privilegien umgehen?

Aus heutiger Perspektive kann ich sagen: Ich möchte mich für Bildungsräume einsetzen, in denen Respekt, Solidarität, Fehlerfreundlichkeit, Interesse und Selbstreflexion die Grundlage bilden. Räume, in denen diverse Perspektiven und Lebensrealitäten geäussert, respektiert, erprobt und gestaltet werden können. Irritation, Unwissen, Unsicherheit zuzulassen ist ein zentraler Teil dieses Prozesses. Dafür braucht es Vertrauensräume, die wohlwollende und selbstkritische Diskussionen ermöglichen und das Zuhören als zentrales Bildungsmoment und damit als Horizonterweiterung begreifen. All das ist keine Selbstverständlichkeit. Im Gegenteil: Es widerstrebt der herrschenden Selbstoptimierungslogik, die Bildung als Teil einer Ich-AG-Marktpositionierung verstehen möchte. Und es ist klar, dass diese Räume inhaltlich wie organisatorisch sich nur zusammen und auf Augenhöhe mit Student*innen initiieren und umsetzen lassen, indem die Reflexion bestehender Machtverhältnisse Teil der Auseinandersetzung wird.

Abschliessend frage ich mich: Was, wenn Care als strukturelle Aufgabe wahr- und ernst genommen wird? Ist es denkbar, sogenannte Care-Aufgaben innerhalb eines Instituts zu etablieren, und wenn ja, mit welchen beginnen wir am HyperWerk? Im Sich-gemeinsam-Kümmern liegt das Potenzial für eine angstfreie Gesellschaft, die Fitsein nicht als Prämisse für ökonomisches Wachstum versteht. Dieser Paradigmenwechsel lässt sich mit der feministischen Ethik verbinden, die davon ausgeht, dass es Freiheit nur in Abhängigkeit zu Menschen geben kann. Damit erlauben wir eine gesellschaftliche Transformation, die Raum für wertgeschätzte Care-Arbeit schafft, die von allen und für alle getragen wird. Freundschafts-, Arbeits- und Liebesbeziehungen lassen sich auf der Grundlage von Freiheit, Gleichheit und Solidarität und dem Respektieren der eigenen und der Grenzen Anderer leben. Es entsteht die Chance für ein konviviales Verständnis von Wohlstand, das nicht durch Ausbeutung der Umwelt, sondern durch die Menschen selbst garantiert und getragen werden kann. Ein erster Schritt in diese Richtung ist, die Forderungen der Student*innen zum queer-feministischen Streik ernst zu nehmen und sie an unserer Hochschule in Taten umzusetzen.

NEUN FORDERUNGEN VON STUDIERENDEN AN STUDIERENDE, MITARBEITENDE, DOZIERENDE UND LEITENDE: DIE HGK WIRD INKLUSIV UND QUEER-FEMINISTISCH! GLEICHBERECHTIGUNG FÜR ALLE!

INKLUSIV, ZUGÄNGLICH, BARRIEREFREI

Wir fordern, dass Studium und Arbeit an der HGK mit diversen Lebensentwürfen vereinbar sind. Fehlende oder temporäre Aufenthaltsbewilligung in der Schweiz, fehlende Anerkennung bestehender Diplome, sprachliche Barrieren, die finanzielle Situation, fehlender Schulabschluss, psychische oder physische Behinderungen, Elternschaft, Klasse sollten nie wieder Grund für einen Hochschulausschluss sein.

GENDERGERECHTE SPRACHE

Wir fordern die Umsetzung einer inklusiven, geschlechtergerechten Sprache. Frauen*, nicht-binäre, queere, Trans- und Inter-Menschen sollen nicht mehr «mit-gemeint», sondern explizit in der Sprache abgebildet werden. Die Verwendung des Gender_Gap oder des Gender*Sterns soll an der HGK Standard des gestalterischen und wissenschaftlichen Arbeitens sein. Wir fordern eine konsequente Befragung nach dem gewünschten Pronomen in allen Instituten und Veranstaltungen, denn wir können nicht sehen, wer welches Pronomen verwendet.
Wir fordern die Entfernung der Geschlechts- und Zivilstandsangabepflicht auf den Personenstammblättern und auf jeglichen Formularen an der HGK.

ALL-GENDER-WCS

Wir fordern, dass alle Toiletten auf dem Campus der Künste zu All-Gender-WCs umgebaut werden.
Wir fordern, dass es menstruationsfreundliche Toilettenräume sowie gratis zur Verfügung gestellte Menstruationsartikel gibt.

DIVERSITÄT DER LERNINHALTE

Wir fordern eine Diversität von Lehrinhalten: Bisher wird an der HGK hauptsächlich das Wissen weisser Cis-Männer vermittelt. (Cis-Männer: Männer, die sich mit dem Geschlecht identifizieren, das ihnen bei der Geburt zugeordnet wurde.)

DIVERSITÄT DER ANGESTELLTEN

Wir fordern eine Diversität aller Angestellten der HGK! Wir fordern keine Diskriminierung aufgrund von Rasse, Geschlecht, Be-Hinderung oder ähnlichem. Wir fordern, dass unter den Angestellten der HGK nicht mehr als 50% Cis-Männer sind. Nur mit effektiven und verbindlichen Kontrollmechanismen und Massnahmen kann die Geschlechtergleichstellung umgesetzt werden.

FAMILIENFREUNDLICHER CAMPUS

Wir fordern umfassende Massnahmen zur Schaffung familienfreundlicher Rahmenbedingungen im Studium, um eine bessere Vereinbarkeit von Studium, Arbeit und Familie zu gewährleisten. Für Studierende mit Betreuungspflichten und Schwangere sollen Ausnahmen von Anwesenheitspflicht und Prüfungen gewährleistet werden.
Wir fordern die Einführung und den Ausbau einer gleichen und langen Elternzeit, damit eine tatsächlich gleichberechtigte Kinderbetreuung und -erziehung möglich ist.
Wir fordern, dass es Wickeltische in den Toilettenräumen und Rückzugsorte für Menschen mit Kindern gibt.

BEKÄMPFUNG SEXUALISIERTER GEWALT

Wir fordern eine erhöhte Sensibilisierung und einen Präventionsplan für die HGK zur Bekämpfung von sexualisierter Gewalt. Die HGK erkennt und thematisiert sexualisierte Übergriffe, sexistische Äusserungen und nichtkontextualisierte Darstellungen und Ausbeutungen von Körpern.

FREI VON DISKRIMINIERUNG

Wir fordern obligatorische Schulungen für Angehörige der HGK bezüglich Sexismus, Rassismus, Homophobie, Transphobie und weiteren Diskriminierungsformen.

Wir fordern kompetente und ausgebildete Vertrauenspersonen, an die sich Menschen wenden können, die Diskriminierung erfahren.

EIGENSTÄNDIGE DIVERSITÄTSSTELLE

Wir fordern, dass die institutsübergreifende und verantwortungsbewusste Diversitätsstelle der HGK zu einem eigenständigen Ressort ausgebaut wird, indem das Stellenpensum erhöht und von mehreren Fachpersonen geteilt wird. Die Arbeit der Diverstitätsstelle wird dadurch im Hochschulalltag vielseitiger und sichtbarer.

NAME	**Julia Freyhoff**
PROJEKTTITEL	**Bio-Hacking – Eingriffe in autobiografisches Erzählen**
KEYWORDS	**Selbstbefragungsgestaltung, Curriculum Vitae, Signal-Ethik**
FRAGESTELLUNG	**Wie lassen sich autobiografische Perspektiven als spekulative Gestaltungsspielräume für emanzipierte Lebenslaufdarstellungen eröffnen?**
ABSTRACT	Das Diplomprojekt Bio-Hacking – Eingriffe in autobiografisches Erzählen untersucht Erzählweisen von Lebenswegen und fragt, wie sich autobiografische Perspektiven als spekulative Gestaltungsspielräume für emanzipierte Lebenslaufdarstellungen eröffnen lassen. Im Kontext des HyperWerk-Jahresthemas Verbinde die Punkte – Doing Care erproben mitwirkende Gestaltende verschiedene Selbstbefragungsmethoden für Darstellungsformen ihrer Lebensläufe.
BESCHREIBUNG	Das Curriculum Vitae (kurz: CV, deutsch: Lebenslauf) bildet unsere Bildungs- und Lebenswege formal ab. Wir gestalten ihn je nach Adressat*in so, dass die vermeintlichen Erwartungen des Gegenübers erfüllt werden. Inwiefern unterwerfen wir uns beim Verfassen konventioneller Lebensläufe hegemonialen Konventionen und stärken diese dadurch? Was zeigen wir, was lassen wir weg? Das CV dient als zentrales gestalterisches Handlungsfeld, um praxisorientiert zu erkunden, wie biografische Perspektiven unkonventionell angeeignet werden. Es geht dabei nicht um kosmetisches Korrigieren, sondern ums Dekonstruieren, Collagieren und Spekulieren. In mehreren Experimenten werden CVs gestaltet und als Ermächtigungswerkzeuge verstanden, die so vertrauensvolle Diskurse ermöglichen. Der Entwurf der zugrunde liegenden Selbstbefragungsmethoden stellt den Schwerpunkt der Gestaltung im Diplom dar. Partizipierende sind eingeladen, diese Werkzeuge für autobiografische Überlegungen und eigene Erzählungen zu erproben. Es ist ungewohnt, kollektiv über Karriere- und Lebensentwürfe zu spekulieren, sie neu zu denken und andere dafür zu Rate zu ziehen. Nicht nur in beruflichen Orientierungsphasen wird die eigenständige Erkenntnis als Ziel gesetzt, sie ist auch Konsequenz einer auf Konkurrenz getrimmten Leistungsgesellschaft. Die Artikulation persönlicher Bedürfnisse und Erfahrungen erzeugt Selbst- und Fremdbilder, die sich durch ihre Reproduktion manifestieren. Anders formuliert: Bilder und Sprache können Realitäten schaffen. Mein Diplomprojekt entfaltet positive Potenziale, macht Mut und ermöglicht Dialoge auf Augenhöhe, denn: Ja, wir können uns emanzipiert erzählen! Wir können sogar ein Umdenken unserer Umwelt provozieren, wenn wir unsere Wertvorstellungen offen in die Gesellschaft tragen.

«Ja, wir können uns
emanzipiert erzählen.»

SILVAN WAIDMANN   180

Mule Hacking – was hat das mit Eseln zu tun?

Und wieso müssen sich die HyperWerk-Bewerber*innen am Assessment für eine neue Stelle bewerben? Was soll das Ganze?

Jule Freyhoff befasst sich in ihrem Diplomprojekt mit autobiografischem Erzählen. Sie entwickelt Selbstbefragungstools, um konventionelle Lebensläufe zu hinterfragen und sie so als Gestaltungsräume zu sehen, in denen mensch sich emanzipieren kann.
In Verbindung mit dem Team der Jahrespublikation, in der wir nebst HyperWerk-Alumni*ae auch zukünftige Studierende zu Wort kommen lassen möchten, haben wir gemeinsam einen Workshop im Assessment organisiert. Das Assessment ist der zweite Schritt des HyperWerk-Aufnahmeverfahrens. Die Bewerber*innen werden nach der Abgabe ihres Motivationsschreibens eingeladen, ein Wochenende in einem Ferienhaus in Jaun bei Gruyère zu verbringen, um dort von Dozierenden und Studierenden durchgeführte Workshops zu besuchen. Das Assessment dient nicht nur als Ausschlussverfahren, sondern vielmehr als Gelegenheit für die Interessierten, einen Einblick in die Arbeitsweise des HyperWerks zu bekommen und so herauszufinden, ob dieser Studiengang das Richtige für sie ist.

Silvan und Julia studieren am HyperWerk und sind irgendwann nach 1987 geboren. Baden, Leipzig und Berlin sind ihre Heimaten – nebst Basel, der Stadt, die ihnen jüngst ans Herz gewachsen ist. Sie können sich unter anderem auf Sächsisch, auf Schweizerdeutsch und in gebrochenem Spanisch verständigen; wobei sie ihre Hände und Füsse auch sehr mögen. Ihre Leben vor dem HyperWerk waren geprägt von Elektrizität, Interfaces und Bürostühlen; sie sind wohl sogenannte Quereinsteiger*innen im Gestaltungsfeld. Zurzeit sind sie Mitglieder einer Institutsgruppe mit printmedialen Ambitionen von Basel bis Berlin und freuen sich darauf, eure Perspektiven einzufangen und die kollektive Energie in der Jahrespublikation abzudrucken.

So lautete unser Steckbrief in der Assessment-Broschüre; doch zugleich war das auch die erste Übung, um uns genauer kennenzulernen. In kurzer Zeit verfassten wir in Zweiergruppen Steckbriefe unserer fusionierten Identitäten. Entschieden, wo und wann wir transparent werden und wann opak bleiben. Was muss mensch über uns wissen? Was ist selbsterklärend? Welche Informationen lassen wir lieber weg? Diese Übung ermöglicht nicht nur einen Dialog auf Augenhöhe, sie fordert auch Vertrauen denen gegenüber, die den Steckbrief lesen; es wird mehr Interpretationsspielraum gegeben als bei einem gewöhnlichen Lebenslauf.

Darauf nahmen alle ihre Lebensläufe und Motivationsschreiben hervor. Diese wurden dann getauscht, zerschnitten und collagiert, um neue, alternative Biografien zu kreieren. Um die Augenhöhe beizubehalten, stellten wir Leitenden auch unsere Motivationsschreiben und unsere Lebensläufe allen Teilnehmenden zur Verfügung.

Mule – nur ein weiterer Spitzname von Jule, der mit Eseln gar nichts zu tun hat – stellte sich als Absenderin der Bewerbungen zur Verfügung; so wurde den Teilnehmenden zusätzlich Vertrauen geschenkt. Da die Ventidue die Stelle, bei der sich Mule bewirbt, bestimmen durften, entstand eine Beziehung zwischen den Teilnehmehr*innen und Jule. Das führte zu intensiven Gesprächen darüber, wie fest mensch dieses Vertrauen belasten dürfte oder was denn ein möglicher Ort für eine ernste Bewerbung wäre – ein Ort, an dem Jule wirklich gerne arbeiten würde. Auch untereinander wird gefragt, wenn persönliche Informationen verklebt werden, wie etwa Namen oder Fotos; mensch ist rücksichtsvoll.

Die Herangehensweisen ans Hacken dieser Lebensläufe und Motivationen und die Entscheidungen der Teilnehmenden variieren dabei stark, doch alle Prozesse und Resultate wirken anregend und liefern viel Diskussionsstoff.
Während Silia sich mit einem Motivationsschreiben, das an eine Todesanzeige erinnert, bei der UBS bewirbt, fragt Janosch mit einem bunt verspielten Blatt – eher ein Gemälde als ein Text – beim Restaurant «Heitere Fahne» in Bern nach Arbeit.
Sophie entscheidet sich, ihre emotional wirkende Bewerbung – um Missverständnissen vorzubeugen – nicht an das Hilfswerk für Suizidgefährdete – wo sie als Hilferuf verstanden werden kann –, sondern an einen Jugendtreff zu schicken.
Die cleanen und stark gelayouteten Collagen von Raffaela sind in einem knallgelben Umschlag für ein Museum in Neuseeland bestimmt.
Und Luccas kryptischer und schon fast romantisch-doppeldeutiger Brief geht an einen Künstler und ehemaligen Dechiffrier-Experten, mit dem Jule gerne zusammenarbeiten würde.

Hinter allen diesen Entscheidungen liegen genaues Abwägen und manchmal auch lange Gespräche. Durch das Verwenden von realen Lebensläufen und einer realen Absenderin ist dies mehr als nur die erfundene Geschichte einer fiktiven Person – es handelt sich vielmehr um einen gemeinsam vernetzten Entwurf, in dem von uns allen etwas drinsteckt.

Lieber

PAUL FEIGELFELD

mit klopfendem Herzen

Was geschah   Iran
                         Zum Glück.
                         Ausbildung

FOTO

            Karriere hier, Karriere da.
      Umfeld.   Ausserdem
            Fragen   Ausserdem
                                                 Ausserdem
      Menschen   teamfähig

     Zeit.   Fulltime   Auseinandersetzung
       Prozess,   Ableton.

          offensichtlich. Wissbegierde
                  vielfältig,   Herz
   Design   Experimente.
            Technik
   Gegenteil.
   Prozesse.   Lehrer,
         Fachwissen,   Stärke
   Schlüsselkompetenzen,   orientieren. In
                     moderieren   vermitteln
   Interaktion Menschen und Maschinen,   allein   analog.
   Komplexität beleuchten zugänglich Prozesse
                            optimieren   offen für Community

                                    Medienkompetenz
   Warum möchte ich das Hyperwerk besuchen?
            Tapetenwechsel-Befürworterin,

         Der experimentelle Lehransatz.   Das Hinterfragen

                                                 Langeweile

                      weil ich arbeiten will,   wie   Luft riecht.
   Ich will nich mit dir arbeiten weil ich arbeiten will, sondern weil ich glaube, dass wir genau das sind, was wir brauchen.
   Ich will mit uns die Zukunft unserer Welt entdecken und herausfinden, wo unser Platz darin ist.
                                    Motivation.
                                    Träumen
             Motivation

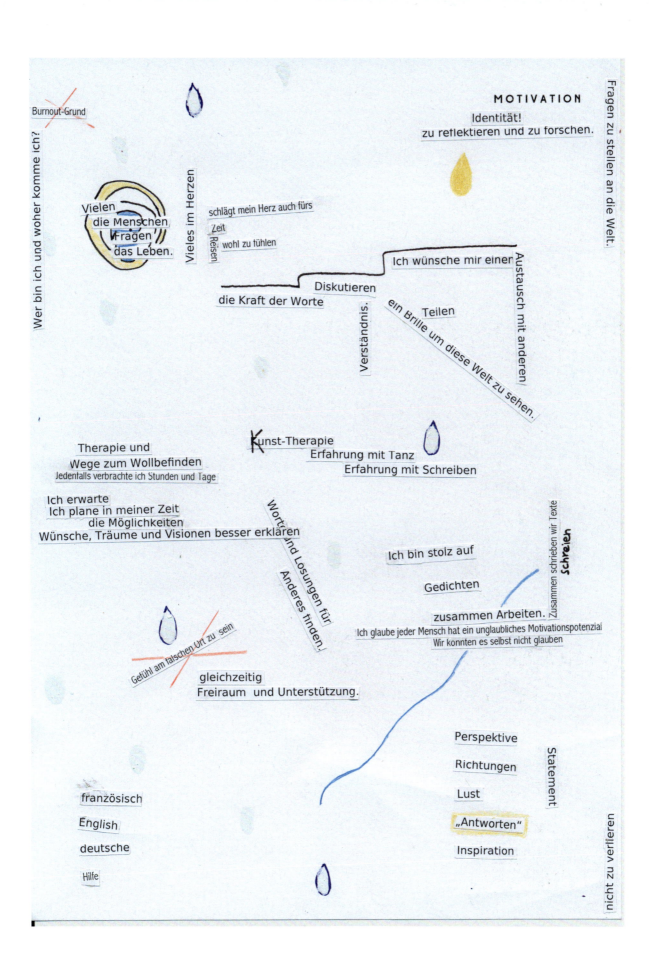

NAME	**Juan Awile**
PROJEKTTITEL	**The Noise of War**
KEYWORDS	**Installation, multimedial, Terror**
FRAGESTELLUNG	**Wie lassen sich Bilder, Videos und Klänge von Konflikten darstellen?**
ABSTRACT	The Noise of War weicht in einer multimedialen Installation die Grenzen zwischen Krisen- und Kriegsgebieten und unserer europäischen, heilen Welt auf. Die Arbeit löst eine kritische Auseinandersetzung mit der Medienwelt und ihrer auf uns projizierten Wirklichkeit aus. Hintergründig wird das Bewusstsein gegenüber geflüchteten Menschen gesteigert. Für die Inszenierung wird mit editiertem und bearbeitetem Ton- und Videomaterial sowie Licht gearbeitet. The Noise of War bezieht sich nicht nur auf Zustände – die Konflikte –, sondern auch auf die Prozesse: Wie gehen die Medien mit den Konflikten um? Wie reagieren Konsument*innen?
BESCHREIBUNG	Ein Raum, begrenzt durch vier Wände, isoliert von der Aussenwelt, bietet den Besucher*innen von The Noise of War Projektionsflächen sowie eine Begrenzung und Intensivierung des Schalls an. Es wird ein Ort der Isolation und des Schreckens mit Bildschirrmen und Lautsprechern erschaffen. Die Geräusche sind nicht nur Stimmungskulisse, sondern auch physisch wahrnehmbare Vibrationen. Die Bilder zeigen Nachrichtenbeiträge, einfache Handy-Aufnahmen, Propagandavideos und vermengen sie zu einer Collage, die an die Fake-News-Problematik erinnert, aber auch unseren Eindruck einer vermeintlich sicheren Distanz zu Krisengebieten untermauert. Die Verknüpfung zum teilweise physisch wahrnehmbaren Klang weicht diese Distanz auf und stellt sie in Frage. Im Anschluss werden Besucher*innen persönlich oder mit einem Fragebogen zu ihrem Erleben befragt, um die Ereignisse einzuordnen und zu reflektieren.

«In modern warfare, the element of sight is almost zero. The sense, the significance, and the expressiveness of noise, however are infinite.»

LUIGI RUSSOLO (1885–1947)

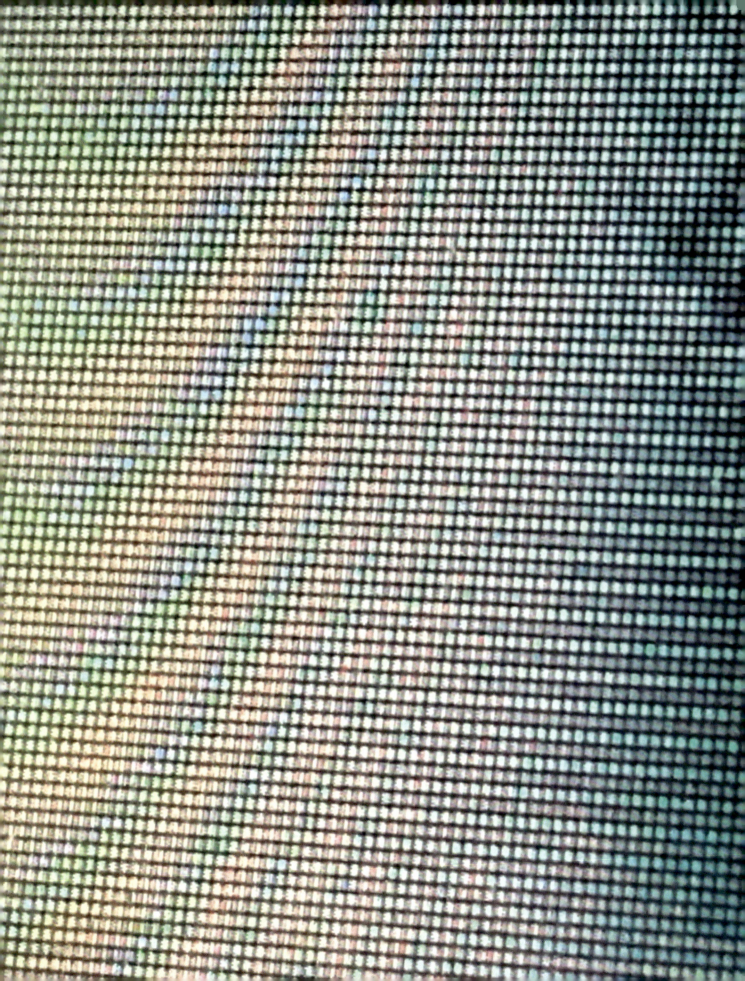

MAX SPIELMANN & SOTIRIOS BAHTSETZIS

Doing Care IV

Intermezzo – Verbinde die Punkte

«Wenn das Sein Mit-sein ist, dann ist im Mit-sein das ‹Mit› das, was das Sein ausmacht, es wird diesem nicht hinzugefügt. Es handelt sich hier um dasselbe wie bei kollegialer Macht: Die Macht ist den Mitgliedern des Kollegs weder äusserlich noch jedem von ihnen innerlich, sofern sie besteht in der Kollegialität als solcher.» (Jean-Luc Nancy 2004. S. 59)

Erwin Panofsky beschreibt in «Gotische Architektur und Scholastik» die Entwicklung der gotischen Architektur und Kunst im geografisch und zeitlich eng begrenzten Entstehungsraum der Île de France (Paris und Umgebung) und dem Zeitraum von etwa 1130/40 bis 1270. Ist die Dynamik solcher kultureller Veränderungen anhand dieses eng begrenzten Phänomens nachvollziehbar? Panofsky spricht als Grund für die Entwicklung von einer prägenden Denkgewohnheit, die im scholastischen Sinne als Prinzip zu verstehen ist und «die das Handeln regelt, principium importans ordinem ad actum». (Panofsky 1989. S. 18)
«Er [der Betrachter] akzeptierte und forderte eine über das Notwendige hinausgehende Klärung der Funktion durch die Form ebensosehr wie eine über das Notwendige hinausgehende Klärung des Gedankens durch die Sprache.» (S. 39)
Bei der Verschränkung des scholastischen Denkens mit der gotischen Formensprache handelt es sich um eine «Ursache-Wirkung-Beziehung durch allgemeine Verbreitung, nicht durch direkte Einflussnahme». (S. 18)
Die Architekten vertieften sich zur Zeit der Gotik nicht speziell in die scholastischen Schriften. «Aber sie kamen auf unzähligen anderen Wegen mit dem scholastischen Gedankengut in Berührung, ganz abgesehen davon, dass sie aufgrund ihrer Tätigkeit zwangsläufig mit denen zusammenarbeiten, die die liturgischen und ikonographischen Programme entwarfen.» (S. 19). Eine neue Art des Denkens und eine neue praktische Formensprache verbanden sich so zu einer neuen Denkgewohnheit. Wie veränderte sich die Art des Zusammenlebens und des Tätigseins? Panofsky erwähnt beiläufig die Bauhütten. Zur Zeit der Gotik seien sie «noch nicht so straff organisiert und verhärtet» gewesen (S. 20). Und hier setzen die für uns interessanten Fragen an. Wie funktionierten die Bauhütten als Kollektive, die nebst all den Handwerksdisziplinen die unterschiedlichsten Berufsgruppen umfassten, von Bäckern bis hin zu Organisten? Wie diffundierte die neue Denkgewohnheit in dieses Kollektiv hinein; wie entwickelte sie sich darin weiter und wieder aus dem Kollektiv hinaus? Wie wurden all diese Punkte in so kurzer Zeit so rasch verbunden? Diese Fragen gehen von einer aktiven, praktisch tätigen Bevölkerung aus, die die konkreten Probleme des Baus, der Produktion, der Reproduktion und der Versorgung der Gemeinschaft be-sorgte. Ohne Steinmetz kein gotischer Spitzbogen, weder in der Idee noch in der Gestalt noch in der Umsetzung. Und ohne Essen, Alltagsrituale, ohne funktionierende Strukturen und damit ohne Sorgearbeit kein Steinmetz.

Der Soziologe Pierre Bourdieu übersetzte Panofskys Text ins Französische und schrieb ein Nachwort (Bourdieu 1986). Die Arbeit ist im Rahmen der Entwicklung des Begriffs des sozialen Habitus (Bourdieu 1991 und 2000) zu verstehen. Dieser umschreibt das gesamte

Auftreten einer Person; also zum Beispiel den Lebensstil, die Sprache, die Kleidung und den Geschmack. Habitus ist Vermittler zwischen Struktur und Praxis. Bourdieu definiert dazu zwei Modi: das *Opus operatum* (Werk, Produkt des Handelns), welches durch die *elementaren Lebensbedingungen* der *sozialen Lage* bestimmt ist (Struktur), und den *Modus operandi* (Handlungsweise, Art des Handelns) als *generatives Erzeugungsprinzip für die Praxis*.¹ Die Denkgewohnheiten sind in den Habitus eingeschrieben und werden sozial reproduziert; stark verkürzt gesagt «von Kindesbeinen an aufgesogen».

In einer gefestigten gesellschaftlichen Situation sind die soziale Reproduktion in diesem Kreislauf der Lebensbedingungen als Struktur und das generative Erzeugen als Praxis fast vollständig. Eine Generation folgt «sozial unverändert» auf die vorige.

Was geschieht jedoch in einer raschen gesellschaftlichen Transformation, in der die Struktur ungefestigt und die Praxis vorwärtsstrebend ist, so wie in der Zeit der Gotik rund um Paris? Zu verstehen sind die Bauhütten zu Beginn der Gotik als eine neue kollektive Organisationsform mit vielen wechselnden Einflüssen – Baustellen vergrösserten und verkleinerten sich, Gesellen kamen und gingen, Familien wurden angezogen und wieder vertrieben. In der Romanik waren die Bauhütten noch durch die Mönche als Handwerker geprägt gewesen. Die säkularen Handwerker hatten sich wenig von den Mönchen unterschieden; sie waren sozial stark in das klösterliche Leben integriert gewesen. Im 12. Jahrhundert verweltlichten sich die Bauhütten in den wachsenden Städten und vermischten sich mit den ebenfalls wachsenden Märkten:

«Typisch für diese Basare, wie für die späteren mittelalterlichen Gewerbe- und Handelsbezirke in den Städten, war, dass die Schaustellung von zum Verkauf bestimmten Waren von einer Schaustellung ihrer Herstellung begleitet war.» (Arendt 1981. S. 190)

Die Produktion, die Praxis war mit der Präsentation eng verbunden, und die Strukturen veränderten sich rasch. In diesem physischen Raum entwickelten sich die Denkgewohnheiten der Gotik. Dieses Klima der Märkte, der Handwerksbetriebe, des vielfältigen und unterschiedlichsten impliziten Wissens war das Amalgam der Verbindungen der Punkte, der raschen Transformation. Kunst, Design, Handwerk, Wissenschaft, Ernährung und Reproduktion einerseits und Konzepte, Modelle, Konstruktion, Bau und Gebrauch andererseits waren vielfältig verschränkt. Um 1300 hatten sich die Steinmetzbruderschaften und die städtische Autorität als der Kirche ebenbürtige Strukturen etabliert (Sennett 2008. S. 80 f.). Die neuen Denkgewohnheiten waren abgekühlt und institutionalisiert, die Formensprache, die Scholastik und die sozialen Regelwerke etabliert. Das Gestaltete, die Formensprache der Gotik, war und ist bis heute Ausdruck einer einmaligen Verbindung von Struktur und Praxis. «Der Glaube, dass durch Gestaltung eine humane Umwelt hergestellt werden könne, ist einer der fundamentalen Irrtümer der Pioniere der modernen Bewegung. Die Umwelten der Menschen sind nur zu einem geringen Teil sichtbar und Gegenstand formaler Gestaltung: zu weit grösserem Teil aber bestehen sie aus organisatorischen und institutionellen Faktoren. Diese zu verändern ist eine politische Aufgabe.» (Burckhardt 2012. S. 9)

LITERATUR

Arendt, Hannah. 1981. Vita activa oder Vom tätigen Leben. Piper, München/Zürich

Bourdieu, Pierre. 1986. In: Panofsky, Erwin. Architecture gothique et pensée scolastique, précédé de L'Abbé Suger de Saint-Denis. Les Editions de Minuit, Paris. S. 133–177

Bourdieu, Pierre. 1991. Soziologie als Beruf. Wissenschaftstheoretische Voraussetzungen soziologischer Erkenntnisse. De Gruyter, Oldenbourg/München

Bourdieu, Pierre. 2000. Zur Soziologie der symbolischen Formen. Suhrkamp, Berlin

Burckhardt, Lucius. 2012. Design heisst Entwurf. adocs, Hamburg

Nancy, Jean-Luc. 2004. singulär plural sein. diaphanes, Zürich

Panofsky, Erwin. 1989. Gotische Architektur und Scholastik. DuMont, Köln

Sennett, Richard. 2008. Handwerk. Berlin Verlag, Berlin

1 Formulierung gemäss Wikipedia, https://de.wikipedia.org/wiki/Habitus_(Soziologie) – zuletzt aufgerufen am 8.7.2019

NAME	Carlo Max Kohal
PROJEKTTITEL	JVA Rockenberg
KEYWORDS	Jugendliche in Haft, Weltbilder, Selbstüberwindung
FRAGESTELLUNG	Welche Haltung innerhalb der filmischen Arbeit mit jugendlichen Gefangenen gilt es einzunehmen? Welche ästhetischen Fragen lassen sich angemessen beantworten und was ist zu beachten, um Tätern wie Opfern gerecht zu werden?
ABSTRACT	Über ein Jahr verteilt lebe ich für 50 Tage in der JVA Rockenberg mit jugendlichen Gefangenen. In Gesprächen und spannungsgeladenen Momenten werden sie dabei aufgezeichnet. So involviert sich diese Diplomarbeit bewusst ins Geschehen. Im Rahmen des Dokumentarfilms lassen sich der Alltag wie auch die Beziehung zwischen Autor und den männlichen Jugendlichen glaubwürdig nachvollziehen. Ein Gefüge aller Beteiligten ermöglicht den Zuschauer*innen ein differenziertes Bild dieser komplexen Konstellation.
BESCHREIBUNG	Das Herausarbeiten unerwarteter Situationen sowie die damit verbundene persönliche Erfahrung bilden zwei Schwerpunkte des Dokumentarfilms. Viele Klischees aus Gefängnissen werden üblicherweise durch mediale Berichte bedient. Gespräche wie Handlungen untermauern ein oft negatives Bild von Gefangenen. Deshalb fällt das persönliche Interesse auf Details aus der Lebensgeschichte einer internierten Person und deren Alltag. Diese Arbeit fordert Engagement und ein unvoreingenommenes offenes Ohr, dazu gehört respektvolles Fragen und Nachhaken. Gleichzeitig gilt es, da aufmerksam zuzuhören, wo etwas aufgebauscht oder wo eine uneigennützige persönliche Betroffenheit suggeriert wird. Wie will sich der Protagonist einen Vorteil verschaffen? Oder wann soll der Besuch einen Einschluss in die Zelle verhindern, wo Isolation und Einsamkeit drohen? Erst im Gespräch mit Jugendlichen wird manchmal spürbar, wie manipulativ sie sein können. Weil darüber eine Lockerung der vollzugsöffnenden Massnahmen erreicht werden soll. Dabei besteht die Hoffnung, dass mit Entscheidungsträgern darüber gesprochen wird. Eine delikate Situation! Öffnet sich ein Gefangener in ehrlicher Weise, soweit sich das beurteilen lässt, entwickelt man eine Sympathie ihm gegenüber, das Mitgefühl wächst. Nicht selten erscheint so der Grund, weshalb dieser Jugendliche zu einer Haftstrafe verurteilt wurde, als ungerecht. Das sehen ihre Opfer natürlich anders. Es gilt, diese Spannung auszuhalten. Dies lässt einen ausgewogenen Blick zu und ist gleichzeitig der persönliche Beitrag im Rahmen der filmischen Diplomarbeit.

«Gefängnis für Jugendliche wird nicht pauschal kritisiert, sondern durch die Kameralinse filmisch betrachtet, um herauszufinden, was im Leben von Jugendlichen wirklich zählt.»

JANICK SCHMID

Neulich am Eck

Licht flutet durch die Tür, lässt den Schatten meines Bierglases vor mir auf dem Tisch stehen. Während darin konstant die Kohlensäure aufsteigt. Am anderen Ende des Raumes sitzen fünf Männer um einen Tisch. Vier davon sind in ein Spiel vertieft, klackend legen sie Spielsteine ab. Der fünfte schaut ihnen zu. An der Wand über ihnen läuft CNN Türk, Recep Erdoğan und ein Vertreter der moldawischen Regierung sind zu sehen. Die Männer schenken dem Bildschirm jedoch keine Beachtung. Einzig der Wirt, der hinter dem Tresen Gläser poliert, schaut gelegentlich zum Bildschirm auf. Ein älterer Mann betritt den Raum und begibt sich nach dem Grusstausch mit dem Wirt an den Spieltisch. Er setzt sich so, dass er aus meiner Position hinter dem Tresen verschwindet. Fast gleichzeitig trifft Getränkenachschub ein. Der Lieferant, ein junger Mann, begrüsst den Wirt mit Handschlag und übergibt ihm dann zwei Pakete mit Halbliter-PET-Flaschen. Wieder draussen setzt er sich in seinen auf dem Trottoir geparkten Lieferwagen und fährt weiter. Die Gruppe am Spieltisch wird durch einen weiteren Zuschauer erweitert. Der ältere Herr mit Schiebermütze schaut noch kurz über die Schulter, bevor er sich zu den Spielenden setzt. Mittlerweile ist eine Nachrichtensprecherin im Fernseher aufgetaucht, leise ist ihre Stimme im Hintergrund zu hören. Das Scheppern des Geschirrs, welches ein inzwischen dazugestossener zweiter Barista wäscht, trocknet und auf dem Tresen abstellt, übertönt ihre Stimme fast gänzlich. In der Zwischenzeit bedient der Wirt einen neuen Kunden, welcher mit seinem Espresso die Bar sogleich wieder verlässt, um den Kaffee draussen in der Sonne zu trinken, von wo das leise Rauschen der Strasse zu hören ist. Das Spiel scheint im vollen Gang zu sein. Immer wieder wird eine Stimme erhoben, dann wird wieder leiser weitergesprochen. Die Spielsteine schleifen über die Tischplatte, während sie gemischt werden, um zu klicken, wenn sie in die Holzrahmen gesteckt- oder ausgelegt werden. Zumeist wird in einer Sprache gesprochen, welche ich für Türkisch halte, gelegentlich fliessen jedoch auch Worte in Deutsch in die Konversation ein.

Das geräumige und mit grossen Fenstern ausgestattete Lokal beginnt sich langsam zu füllen. Mit dem Gruss «Salam Aleikum» betritt ein neuer Herr den Raum. Ein Chor von Stimmen erwidert «Aleikum Salam». Der Dazugestossene setzt sich an einen neuen Tisch.

Sogleich gesellt sich der erste Zuschauer zu ihm. Vom Wirt wird unaufgefordert ein Rivella Blau für den Neuankömmling gebracht. Da betritt schon ein weiterer Gast den Raum, schreitet zum Tisch mit den zwei und legt ihnen die Hände auf die Schultern. Danach geht er zum Spieltisch, grüsst die Gruppe und legt seine Hand auf die Schultern des Herren mit der Schiebermütze. Eine Weile steht er schweigend so da, tritt dann auf die andere Seite des Tisches ausserhalb meines Blickfelds. Worte auf Deutsch. «Nein du darfsch nicht sage.» Der Herr erscheint wieder in meinem Blickfeld. Eine halbe Minute später löst sich die Runde der Spielenden auf. Ein Teil begibt sich nach draussen, ein Teil bleibt am Tisch sitzen und ein weiterer setzt sich zu den zwei Männern an den anderen Tisch. Am neuen Spieltisch beginnt sogleich ein neues Spiel. Dieses Mal werden Karten ausgeteilt. Wieder beteiligen sich vier Personen daran, ein Einzelner schaut zu. Der Wirt bringt mir eine neue Stange. Ich frage ihn, wie das Spiel von vorhin heisst. Er sagt Okey. Auf die Frage, woher das Spiel komme, erwidert er, es sei international. Zum Schluss sagt er noch, es sei nur ein Hobby und gehe nicht um Geld. Ich denke mir, dass er sich möglicherweise denkt, ich sei von der Polizei. Wie ich da sitze, vor meiner Stange mit Blick auf den ganzen Raum.

Die Runde am Spieltisch wird durch einen weiteren Zuschauer ergänzt. Auf einem Barhocker sitzend beobachtet er die Runde, während er seine Beine hin und her baumeln lässt. Dann wechselt ein Spieler. Ein Mann in einem weissen Hemd löst ihn ab. Auch er hat vorhin schon an der Okeyrunde teilgenommen. Der Fernseher hat sich in der Zwischenzeit selbst ausgeschaltet, doch niemand schenkt dem Beachtung. Der Wirt setzt sich zu den Spielenden, springt jedoch gleich wieder auf, als eine Kundin das Geschäft betritt. Sie bestellt einen Kaffee. Als der Barista von draussen hereinkommt, um ein Bier zu zapfen, kreuzt er die Kundin, welche mit ihrer dampfenden Tasse an die Sonne geht. Die Stimmen am Spieltisch schwellen an. Nicht alle scheinen sich einig zu sein. Einer verkündet seinen Unmut laut auf Schweizerdeutsch, dazu klatscht er seine Karten laut und mit der ganzen Hand auf den Tisch. Damit endet die Runde. Die meisten wechseln wieder an den alten Tisch, um dort erneut eine Runde Okey aufzunehmen. Wieder erklingen die Steine. Der Wirt stellt sich eine Weile in den Eingang, um die Sonne zu geniessen. Eine junge Frau begrüsst ihn mit Händedruck und Küsschen auf die Wange. Sie sprechen eine Mischung aus Englisch und Deutsch. Er fragt, wie lange sie hier sei. Sie sagt ihm, eine Woche. Er fragt: «Kaffee?» «Ja, but for take away.» Nachdem sie ihr Getränk hat, verlässt sie die Bar.

Ich wechsle ein paar Worte mit dem Wirt. Frage ihn, woher er kommt. Er sagt mir, aus der Türkei, nahe der syrischen Grenze. Ich erzähle ihm, dass ich aus Zürich komme, jedoch nun in Basel wohne. Er meint, ihm gefalle Zürich besser als Basel. Ich erwidere, dass es mir hier gut gefällt, und frage, ob ich zahlen könne. Er bringt mir die Rechnung.

Als ich das Lokal um 16:24 verlasse, sitzen erneut fünf Männer bei einer Partie Okey zusammen. Spielsteine klimpern, Autos rauschen. Ich trete in die Sonne und mache mich auf den Weg.

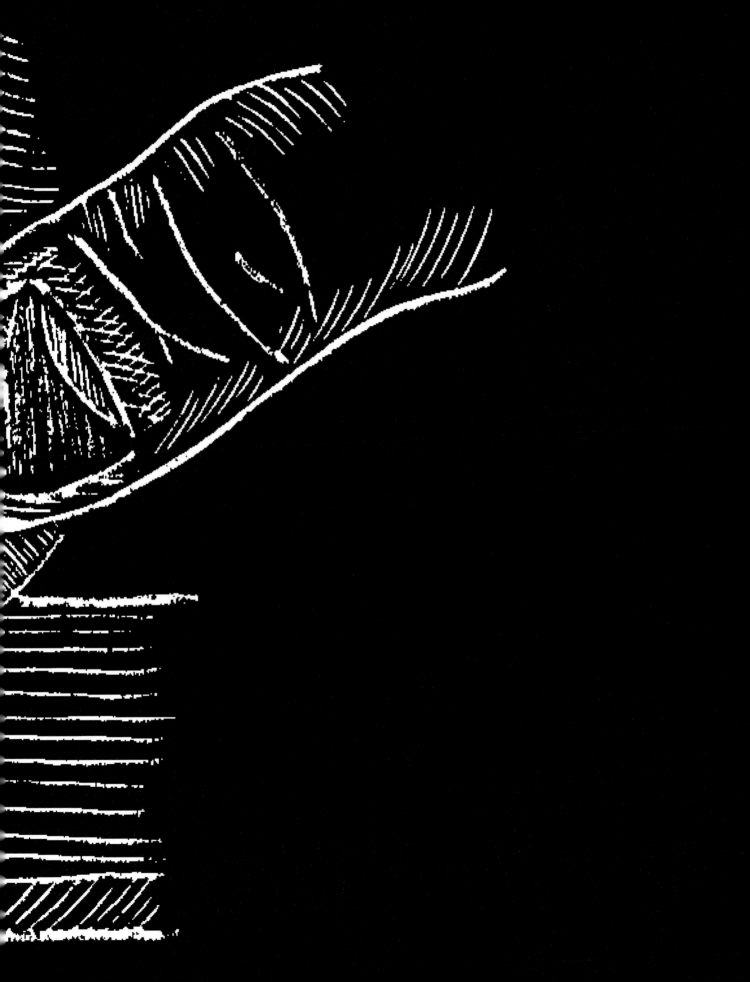

NAME	Manuela Luterbacher
PROJEKTTITEL	(Trans-cerebrum) Die Begegnung, La Rencontre, The Encounter
KEYWORDS	Perspektivenwechsel, Begegnung, Räume
FRAGESTELLUNG	Welchen Effekt hat eine künstlerisch gestaltete Begegnung zwischen zwei Fremden auf die persönliche Meinungsbildung?
ABSTRACT	Inspiriert durch das Grundprinzip der Human Library, befasst sich (Trans-cerebrum) mit dem Hinterfragen von Denkgewohnheiten und dem Überwinden von Vorurteilen. Ziel ist es, Räume zu gestalten, die den Austausch zwischen zwei fremden Menschen in einem neuen und ungewohnten Kontext ermöglichen. Die Konfrontation mit dem Unbekannten soll nicht verfremden, sondern befreien. (Trans-cerebrum) bietet mir die Möglichkeit, mich intensiver mit Konversation, Verbindung, Empathie, Mut und soziokulturellen Unterschieden respektive Gemeinsamkeiten zu beschäftigen.
BESCHREIBUNG	Nach meinem Psychologiestudium und ersten Berufserfahrungen im Bereich der Arbeitsreintegration wollte ich herausfinden, wie ich meine bisherige Arbeit mit Design verbinden kann. Als Kulturschaffende (Musik, Performance, Kunst) profitiere ich davon, immer wieder neue Menschen, Einstellungen und Lebensformen kennenzulernen. Mein Grundinteresse für Menschen und ihre Geschichten war Auslöser dafür, mich mit der Gestaltung von Begegnungen zwischen fremden Menschen auseinanderzusetzen. Mit den Erfahrungen meiner Projekte royale librairie humaine (2017) in Baden, les rencontres savoureuses (2017) in Fribourg und HyperLibrary (2018) in Basel wurde mir bewusst, dass Gespräche mit Menschen ausserhalb der gewohnten Kreise für die Reflexxion persönlicher Meinungen essenziell sind. Ein Austausch von 15 bis 20 Minuten kann schon ausreichen, um sich in das Gegenüber hineinzuversetzen. (Trans-cerebrum) interpretiert Räume neu, um Geschichten darin entstehen zu lassen. Die Raumatmosphäre spielt dabei eine zentrale Rolle. Anhand der Gespräche lässt sich untersuchen, welche Auswirkungen die gestalteten Begegnungsszenarien auf die persönliche Meinungsbildung der Teilnehmer*innen haben. Ziel ist es, diese Begegnungsräume in unterschiedlichen Settings auch nach dem Ende des Studiums anzuwenden und die eigene zukünftige Rolle als postindustrielle Gesprächsgestalterin zu finden.

ALEX LEHMANN

Da hängen
Menschen
an Bäumen

204

«De Baum esch wunderbar», sagte Jean-Pierre, und sein Blick wanderte den alten Stamm der Rosskastanie neben uns hoch. Mein Blick folgte seinem, und wir standen für einen Moment, die Krone betrachtend, da. Die Blätter waren noch grün, sie funkelten an diesem schönen frühherbstlichen oder eher spätsommerlichen Tag. An einer Ecke färbte sich ein Teil der Krone ins Rötlichbraune, die kommende Kälte ankündigend.

In diesem Moment liess sich ein Gefühl der Gemeinsamkeit und Verbundenheit erahnen. Zwischen den doch so verschiedenen Anwohnern, eigentlich Nachbarn, dieses Quartiers. Auf Baseldeutsch Gundeli genannt. Ich senkte meinen Blick und betrachtete die beiden vor mir. Der eine sehr alt und doch so gross und stark, der andere jünger, klein und gebrechlich.

Das Leben habe sich verändert, hatte Jean-Pierre festgestellt. Früher lebten hier Kreative und Intellektuelle in den einfachen Wohnungen des ehemaligen Arbeiterquartiers. Ursprünglich gebaut für Eisenbähnler.

Heutzutage steigen die Preise. Und der Kontakt, die Gemeinschaft unter den Anwohnern schwindet mehr und mehr, erzählte er weiter mit betrübter Miene. Sein Blick fixierte wieder die Rosskastanie. Er hielt einen kurzen oder eher etwas längeren Moment inne. Ich musterte die beiden. Ja, dieser Baum sei doch wunderschön, sagte ich dann mit einer an Jean-Pierre gerichteten zustimmenden Geste. Er nickte und erklärte mir, dass für die Anwohner die Bäume immer ein Symbol des Lebens seien. Nach einer weiteren, noch etwas längeren Pause sagte er dann traurig: «D'Böum send aber am Stärbe. Dene gohts au ned guet. D'Stadt het kei Geld meh zum si versorge.»

Mir scheint, die Bäume seien ein Symbol des Lebens der Anwohner.
Denn jetzt, da diese Anwohner wegziehen und die Urgesteine verschwinden, sterben wohl auch die alten Bäume.

NAME	**Cilio Nino Minella**
PROJEKTTITEL	**Zur goldenen Rampe**
KEYWORDS	**Inklusion, Berührungsängste, Interaktion**
FRAGESTELLUNG	**Welchen Ort zur Verminderung von Berührungsängsten gegenüber Fremdem braucht es und was trägt zur Inklusion bei?**
ABSTRACT	2015 wurde die erste Fachstelle für Menschen mit Behinderungen in der Schweiz geschlossen. Das Projekt Zur goldenen Rampe nimmt die Diskussion und die Auseinandersetzung mit diesem Thema wieder auf. Vom 23. Mai bis zum 2. Juni 2019 führe ich mit meinem Team einen Ersatz für die 2015 geschlossene Fachstelle für Menschen mit Behinderungen. Der Ort bietet Raum für Begegnungen, wo sich Menschen mit und ohne Behinderungen spielerisch, locker und auf neue Art treffen.
BESCHREIBUNG	Kontext Die Fachstelle für die Gleichstellung von Menschen mit Behinderung der Stadt Basel wurde 2015 nach zwölf Jahren geschlossen. Grund dafür waren Sparmassnahmen. Das Büro war für politisch wichtige Aufgaben wie die Sensibilisierung für und die Vertretung von Menschen mit Behinderungen zuständig. Die Beratungsstelle für Betroffene förderte den Dialog wie auch die Zusammenarbeit. Übriggeblieben ist lediglich eine Meldestelle innerhalb der Fachstelle Diversität und Integration, die eine vermittelnde Funktion übernimmt. Projekt Als temporärer Ersatz für die kantonale Fachstelle für Behinderte betreibt das Kollektiv Geflügelloses Gefieder vom 23. Mai bis zum 2. Juni das Projekt zur goldenen Rampe. Es versteht sich als ein experimentelles Büro, wo sich Menschen auf Augenhöhe begegnen. Wir sind eine Beratungsstelle, ein Gesprächsangebot. Wir sprechen über Bedürfnisse und Wünsche und zeigen die Relevanz der kantonalen Fachstelle auf. Unser Büro ist alles: Wohnzimmer, Küche, Café, Bastelzimmer, Konzertraum oder Kino. Zur Dokumentation sammeln wir alle Ideen, Gedanken, Zeichnungen und Fotos, die während des Prozesses entstehen. Am Ende schnüren wir ein Paket und überreichen es den Behörden beider Basler Kantone.

«Alle sind herzlich eingeladen,
sich als Teil der goldenen Rampe
zu verstehen.»

SILVAN WAIDMANN

Alles ist Gold

212

An der Kasernenstrasse sitzen Besucher*innen. Es ist Samstagabend, heitere Stimmung, gesellig und laut, der Teer warm vom sonnigen Tag. Der Apero klingt aus. Es bleiben Reste von Bier, Prosecco und Zitronengras-Mojito in Gläsern übrig. Strasse und Häuser schimmern im Laternenlicht, die Parkplatzmarkierung glitzert. Zur goldene Rampe! Da ist sie und wertet jedes menschenmögliche Bild auf.

FRUSTANTENNE UND SCHREIKAMMER

Cilio und Simon, die Initianten des gleichnamigen Projekts stehen auf dem golden gebauten Zugang. Cilio hält goldene Holzklötze in der Hand. «Wer möchte sie? Sie machen Tische rollstuhlzugänglich. Wer bietet einen Franken?» Die Auktion verspricht Erfolg. Während einer ganzen Woche bemerke ich nicht, dass der Tisch, woran ich gerade sitze, erhöht ist. Auch nicht an Tischgesprächen, woran zahlreiche Besucher*innen im Rollstuhl teilnehmen. «Vier Franken zum Ersten. Zum Zweiten. Zum Dritten.» Klack – der goldene Hammer schlägt auf das goldene Brett. «Bitte meldet euch bei Anna im Goldmantel zur Transaktion.» Simon präsentiert einen Topf goldener Farbe. «Damit haben wir die Rampe bemalt. Startgebot: Zwei Franken!» Geländer, Seiten und Rampe sind goldfarben. Wie auch ein Modell. Alles soll unter den

Hammer. Im Raum hängt eine goldene Kartonschachtel mit Schlitz. Dort können eine Woche lang Zettel mit Beschwerden, Anregungen und Wünschen eingeworfen werden; Speziell am «Motztag» (Montag) wird durch Barrieren generierter Frust offen mitgeteilt. Dokumentationen von Aktivitäten des Begegnungsraums zur Goldenen Rampe kommen dazu. Das geschnürte Paket geht an die Kantone beider Basel, um einen alternativen Weg aufzuzeigen, wie ein gelungenes Zusammenleben aussehen kann.

Vor der Kaserne steht eine Telefonzelle als umgestaltete Schreikammer. An der Rampe eine Frustantenne, die Abhilfe leistet. Im sich permanent wandelnden Raum ist Behinderung das Hauptthema. Es betrifft uns alle, auf Augenhöhe, mit künstlerischen und spielerischen Ansätzen. Das Kollektiv Geflügelloses Gefieder hat den Anspruch, den thematisch gestalteten Raum leicht zugänglich zu machen. Das gelingt.

DER TEEKRUG, EINE ANANAS

Unter anderem mit «Sieben Franken für den ersten Topf Farbe!» «Ein schöner, goldener Teekrug in Form einer Ananas! Wer bietet fünf Franken?» Hey! Diese Ananas gehört mir! Sie steht an meinem Arbeitsplatz im HyperWerk, wo wir studieren. Ich habe sie Simon und Cilio für dieses Projekt ausgeliehen. Gerade wird sie versteigert. Im Rahmen von Cilios Diplomprojekt und angekoppelt an das Wildwuchsfestival, das sich dieses Jahr mit Barrieren befasst, schaffen beide Studierenden einen Begegnungsort für Menschen mit und ohne Behinderung. Ein experimentelles temporäres Büro als Ersatz für die zurzeit inexistente Fachstelle für Behinderte. Der Ausstellungsraum Klingental, sonst ein Ort für Kunst in der Stadt, ist jetzt rollstuhlgängig. Während dieser Woche wird von jungen Menschen eingeladen, die mehrheitlich am HyperWerk studieren. «20 Franken!», rufe ich, weil ich plötzlich emotional am goldenen Anananaskrug hänge. «25 Franken!», bietet die nächste Person. Ich gebe auf. «28 Franken für diese schöne Ananas!», der Gewinn für das wunderbare Projekt wägt den Verlust des geliebten Kruges auf. «Wir versteigern das goldene Sofa! Wer bietet 499 Franken?» Auf dem Diwan mit goldenem Bezug und dunklem Holz liegst du eher als du sitzt. Als Kinobestuhlung ist er sehr bequem. «Gleich und anders» und «Yo, también». Beide Filme schauen wir gemeinsam und diskutieren sie in gut durchmischten Gruppen. Jung wie alt äussern Kritik am System im Umgang mit psychisch erkrankten Menschen. Sie können

nur noch bedingt der Lohnarbeit nachgehen. So identifizieren wir uns unbewusst stark über unseren Beruf oder unsere Tätigkeit, was für andere nicht selbstverständlich ist. Die Konfrontation mit Tabuthemen wie Sexualität von Menschen mit Behinderungen – im Film «Yo, también!» Trisomie 21 – und der Austausch darüber sind ein möglicher Weg, die Tabuisierung und so entstehende Vorurteile aus der Welt zu schaffen, um Menschen mit Behinderung respektvoll begegnen zu können.

IM GEBÄRDEN-CRASHKURS

So probiere ich auch einen Gebärden-Crashkurs aus: Christian und Giuseppe erklären die Basics der Deutschschweizer Gebärdensprache (DSGS). Das ist lustig. Lachend weist Christian darauf hin, dass Mimik absolut essenziell ist. Wir Lernenden scheitern mit steinernem Gesichtsausdruck an der Motorik zu Gebärden. Die beiden Lehrer geben nicht auf, zeigen uns Witze, Performances und Unterschiede zwischen verschiedenen Gebärdensprachen. Wir lernen sie als vollwertige Sprachen kennen, mit eigenen Dialekten und unterschiedlichen Kulturen.

Der goldene Diwan findet keine*n Käufer*in und geht an das Brocki zurück, das ihn ausgeliehen hat. Eine angefangene Rolle goldenes Klebeband wird ebenfalls zur Versteigerung hochgehalten: «Goldenes Gaffertape! Wer bietet einen Franken?»

DIE TORTENKUTSCHE

Mit Spezialklebeband ist die zwei Meter lange gemeinschaftliche Zeichnung an der Wand befestigt. Einen ganzen Tag lang zeichnen die Besucher*innen am langen Tisch Hindernisse, die sie im Alltag beeinträchtigen. Dabei komme ich mit Rossi ins Gespräch und erfahre alles über ihre goldene Torte für die Vernissage. Rossi verkauft täglich süsses Gebäck am Wildwuchs-Festival. Sie hat für jede*n etwas, auch vegane und glutenfreie Kuchen.

Die Tortenkutsche, ein altes Möbel auf vier Rädern, das sie für einen vergangenen Auftrag als Lohn eingetauscht hat, begleitet Rossi zu zahlreichen Festivals und Märkten. Später begegne ich ihr in der Kaserne. Sie meint, sie sei eher die Macherin, und findet es schade, lediglich über Dinge zu sprechen, anstatt zu handeln.

Ich erinnere mich daran, wie sie nach einem Suppengespräch ihre Waren feilbietet, dabei abschweift und vom «Bebbi Transport» erzählt, dem Projekt eines Freundes, um den sie sich nach harter Arbeit kümmert. «Er wie ich suchen nach Anerkennung in unserer Gesellschaft. Das ist auch der Grund, weshalb ich die Tortenkutsche betreibe. Die Menschen nehmen mich ernst und hören geduldig zu.» «17 Franken zum Dritten!» «Aber … ich brauch das!», ruft die Überbotene.

Jetzt geht es der goldenen Miniature-Rampe an den Kragen: «Startgebot: einen Franken.»
Wenn die grosse Rampe für physische Barrierefreiheit steht, so steht die kleine für das Überwinden der Barrieren in unseren Köpfen. Im Suppendialog mit Walter, der seit seiner Kindheit im Rollstuhl sitzt, ist das der zentrale Punkt. Das direkte Gespräch über Behinderung kann einen Bordstein oder eine Treppe schrumpfen lassen. Berührungsängste, die wir Menschen ohne Behinderung haben, schaffen Distanz! Weshalb fürchten wir uns, Menschen mit Behinderungen anzusprechen oder ihnen zu helfen? Fehlender Kontakt oder das Abschotten von Kindern mit Behinderungen in Schulen trägt unter anderem dazu bei, das erfahren wir diese Woche in gemeinsamen Gesprächen. Sie bleiben unsichtbar.

«Die goldene Rampe! Wir kommen jetzt zu unserem grössten und wertvollsten Stück!» Gebaut von Luca an der Hochschule für Gestaltung und Kunst. Sie ermöglicht es allen, uns zu besuchen. Startgebot: 1440 Franken.» Schweigen in der Menge. «Aus welchem Holz ist sie?» Es wird kein*e Käufer*in gefunden. Das macht nichts. Die Rampe erhält Thomas, der Betreiber des Ausstellungsraums Klingental. Für die Übergabe der Dokumentation an den Grossrat wird sie ein weiteres Mal auf dem Marktplatz eingesetzt – und die Hauptrolle spielen.
Das letzte versteigerte Objekt ist der goldenen Auktionshammer selbst. Der Wert wird auf einen Franken festgelegt. Jetzt kann es losgehen! An diesem Ort der Begegnung. Wo das Kollektiv Geflügelloses Gefieder genau das ermöglicht, was unserer Gesellschaft fehlt. Gegenseitiges Verständnis und Beziehungsfähigkeit. Einen ersten Schritt zu tun, um uns gegenseitig Sorge zu tragen. Aufeinander zugehen zu können, mit oder ohne Behinderung.
«Der goldene Hammer zum Ersten, zum Zweiten und zum …»

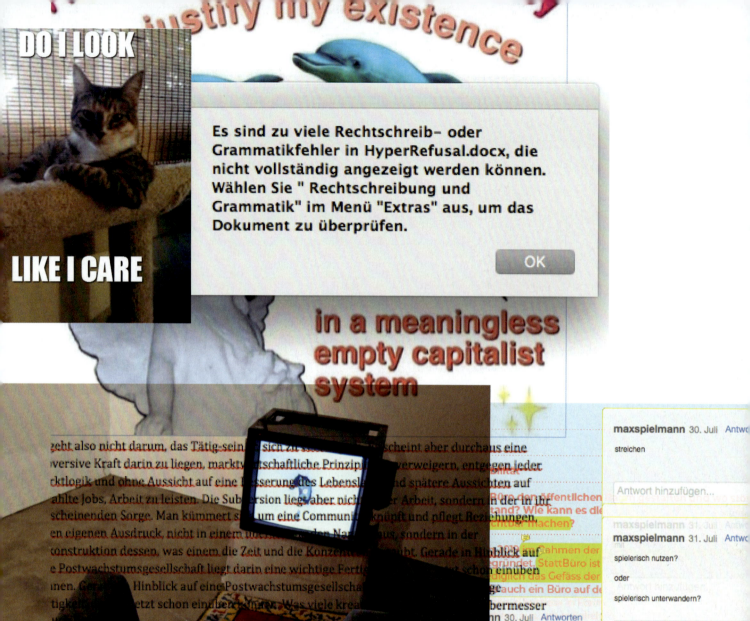

Arbeiten Sie jetzt daran?

MAX SPIELMANN & SOTIRIOS BAHTSETZIS

Doing Care ▽

Affekte zeigen – Ein Zustand emotionaler Beziehung zu etwas

220

Affekte galten für lange Zeit eher als das Gegenteil des Rationalen. Diese Vorstellung, dass Erkenntnis sich jenseits von Gefühl, Sinnlichkeit, Körperlichkeit und Einbildungskraft vollzieht, gründet sich auf einer entsprechenden modernen Erkenntnistheorie, die im 17. Jahrhundert aufkommt und den Szientismus des 19. Jahrhunderts diktiert. Das Vorherrschen der Sachlichkeit, das sowohl mit der bürgerlichen Utopie des verstärkten Individualismus als auch mit der Industrialisierung des Westens einhergeht, bedingt die Ausbildung eines angeblich rationalen Vernunftwesens, das die affektive menschliche Natur im Dienste der Erkenntnis des Anthropos verpönt. Mit dem Zügeln des affektiven Lebens, das nun in der Kunst, in der Pornografie und ab dem späten 19. Jahrhundert in der Psychoanalyse stattfinden soll, hat sich das neue soziale Umfeld der Moderne eingerichtet. Die Psychoanalyse hat diese Welt des Affektiven nicht befreit, sondern sie nur einer weiteren disziplinarischen Unterwerfung unterzogen. Nach dem Panoptikum läutet das Sprechdispositiv der teuren, psychoanalytischen Couch das Auftauchen der gegenwärtigen Optimierungs- und Kontrollgesellschaft ein.

Doch die wissenschaftliche Forschung hat gezeigt, wie irreführend diese Denkweise ist. Der Neurowissenschaftler Antonio Damasio (Damasio 2004) untersuchte in den späten 1990er Jahren Wechselwirkungen zwischen Körper und Bewusstsein und kam – durch zahlreiche empirische Belege – zu dem Schluss, dass die jahrhundertelang postulierte Trennung zwischen Körper und Geist ein Irrtum ist. Stattdessen konstatiert Damasio einen unauflösbaren Zusammenhang zwischen Körper und Geist, die sich gegenseitig ständig beeinflussen und miteinander verschränkt sind. Die Forschung geht mittlerweile davon aus, dass sowohl Kognitionen affektive Zustände hervorrufen als auch umgekehrt affektive Zustände kognitive Prozesse wie Entscheidungen oder Urteile beeinflussen. Affekt wird demnach heute als eine Form des Denkens verstanden – oft indirekt und nicht reflektierend, aber, wie der Geograf Nigel Thrift behauptet, doch Denken (Thrift 2007. S. 60). Affekt ist demzufolge eine andere Art von Intelligenz in der Welt. Es handelt sich um eine Intelligenz. Frühere Versuche, Affekt entweder dem Irrationalen zuzuordnen oder ihn umgekehrt auf die Ebene des Erhabenen zu heben, sind beide gleichermassen irreführend.

Die Trennung zwischen der rationalen und entemotionalisierten Öffentlichkeit und der Privatheit von Intimbeziehungen und Therapien – nicht zuletzt unter einer Geschlechterperspektive betrachtet – wird in der Spätmoderne aufgehoben. Der Drang, Emotionen, Gefühle und Affekte zu erfahren und durch sie ein erfülltes Leben zu verwirklichen, wird nun in der Spätmoderne nicht nur als künstlerische und auf Werbung und Entertainment bezogene Tätigkeit angesehen, sondern umspannt das gesamte Spektrum des sozialen Lebens. Deswegen kann man von einer historischen Entwicklung weg vom «*Gefühlsdispositiv liberaler Gesellschaften*» (Bargetz/Sauer 2015. S. 94) hin zu einem «*affektiven Dispositiv*» (Angerer 2017. S. 8) postmoderner Gesellschaften sprechen. Die industrielle Produktion sämtlicher Lebensaspekte, die im kapitalistischen Modell Umsetzung finden, ist Erzeugerin unzähliger affektiver Zustände, die die Herausbildung einer zeitgemässen Affektlehre, einer Affektologie (Marchart 2013. S. 437) oder Affektökologie (Angerer 2017. S. 10) verlangen.

Man sollte deswegen den *affective turn* in den Sozial- und Humanwissenschaften nicht als eine zeitgenössische akademische Mode abtun, die den Drang der Universität nach intellektueller Innovation fördert. Der Turn ist eher als diejenige zeitgemässe Analysemethode anzusehen, die sich sowohl einer verdrängten Seite der Moderne als auch einer antizipierten gesellschaftlichen Zukunft widmet, in der Menschen möglichst glücklich zusammen ihr Leben auf diesem Planeten leben. Eine solche zu entwerfende Weltsicht geht zurück auf die spinozistische Einsicht, dass jeder Körper positiv wie negativ mit ansteckenden Gefühlsladungen affiziert zu

werden vermag. Sie schlägt einen Affektbegriff vor, der sich zusammendenken lässt mit dem Affektbegriff, wie ihn der Philosoph Gilles Deleuze und der Psychotherapeut Félix Guattari konzipiert haben.

Sie bestehen darauf, dass solche Zustände mit der Herausbildung einer neuen Methode sowohl das erkenntnistheoretische Feld der Affizierung sichtbar und analysierbar machen als auch in das politische Geschehen direkt eingreifen können. Diese Methode soll, wie Guattari erklärt, über den klassischen Gegensatz zwischen individuellem Subjekt und Gesellschaft hinausgehen, die zurzeit anerkannten Modelle des Unbewussten revidieren und die massive Entwicklung der maschinischen Produktionen von Subjektivität berücksichtigen (Guattari 2014. S. 7 f.).

Das Hantieren mit dem Affektbegriff ist jedoch schwierig, da bei der Verwendung von Affizierung als wirklichkeitsbildender Instanz althergebrachte philosophische Begriffe, wie die des rationalen Subjekts, neu gedacht werden müssen. Eine zeitgemässe Theorie der Subjektivierung, die dem Studium der Affizierung gerecht wird, kann der von Deleuze/Guattari vorgeschlagene Entwurf des maschinischen Körpersubjekts sein. Einer der wichtigsten Unterschiede zur Psychoanalyse, die Konsequenzen für die Ausformulierung eines *maschinischen Subjekts* hat, kommt insbesondere mit Deleuze/Guattaris Konzept der Wunschmaschine (oder Begehrensmaschine, *mochine désirante*) zum Vorschein. Er besteht darin, dass das Subjekt nicht vom Mangel[1] oder von Verlustängsten[2] gekennzeichnet wird, sondern vom Wunsch. Ein zusätzlicher und darauf aufbauender Unterschied besteht darin, dass das Konzept der Wunschmaschine sich ausserhalb der Domäne des diskursiven Denkens befindet und daher eine auf der Ebene der materiellen Vorgänge erfassbare Präsenz aufweist, die immer eine affektive Dimension hat: «Die Wunschmaschinen stecken nicht in unserem Kopf, sind keine Produkte der Einbildung, sondern existieren in den technischen und gesellschaftlichen Maschinen selbst.» (Deleuze/Guattari 1974. S. 512) Wie eben beschrieben: «An die Stelle einer Genese des Wunsches aus dem Mangel tritt die Beschreibung der Wunschproduktion als ein maschinales Geschehen. Dieses maschinale Geschehen erfordert keine Dechiffrierung und Auslegung, sondern eine Analyse der Bedingungen, unter denen es abläuft.» (Schäfer 2012. S. 242)

Somit erscheint es als notwendig, der Aufwertung von Affekten in der Berufswelt, der Politik, den Medien usw. analytisch nachzugehen. Zugleich scheint die zunehmende Algorithmisierung des sozialen und intimen Lebens durch den Eingriff digitaler Medien auf der Suche nach einer gemeinsamen Sprache zu sein, die Menschen mit Maschinen kommunizieren lässt. Menschliche Wahrnehmung und Kommunikation werden zunehmend von digitalen Medien der Einbildungskraft gesteuert. Da Wahrnehmung und Kommunikation nicht nur rational, sondern auch affektiv strukturiert sind, müssen philosophische, soziologische und medientheoretische Diskurse sich auf das Affektive beziehen. Mediale Kommunikation ist als affektive Arbeit einer vermittelnden Wahrnehmung zu erfassen. Die Technologien des Digitalen versprachen, einen neuen Menschentypus zu erschaffen, der das Humane – das immer als sprachliches Wesen aufgefasst wurde – und seine einschlägigen Probleme überwinden sollte. Doch diese Überwindung scheint erstmals den Menschen als Ganzes, das heisst als *algorithmisierte sozioaffektive Entität* erfassen zu müssen, bevor ein solches Umdenken des Humanen überhaupt stattfinden kann.

Félix Guattari erläutert: «Muss man die semiotischen Produktionen der Massenmedien, der Informatik, der Telematik, die Robotik aus der psychologischen Subjektivität heraushalten? Ich denke nicht. Ebenso wie die sozialen Maschinen, die man in die allgemeine Rubrik der Gesellschaftseinrichtungen einordnen kann, wirken die technologischen Informations- und Kommunikationsmaschinen mitten in der menschlichen Subjektivität, nicht nur innerhalb ihrer Erinnerungen, ihres Verstandes, sondern auch ihrer Sensibilität, ihrer Affekte und ihrer unbewussten Fantasien.» (Guattari 2014. S. 10 f.) Im Rahmen dieser neu zu konzipierenden Affektökologie (Angerer 2017) stellt

Guattaris Ökosophie eine ethisch-politische Verbindung zwischen den drei ökologischen Bereichen von Umwelt, sozialen Beziehungen und menschlicher Subjektivität dar. Sie setzt sich der herkömmlichen Politik des Umweltschutzes entgegen, die den Dualismus von kulturellen (menschlichen) und natürlichen (nichtmenschlichen) Systemen beibehält und Natur in Form von Ressourcen ausnutzt und ausbeutet. Guattaris Denken ist eindeutig als politisch-soziale emanzipatorische Praxis zu verstehen. «Der ‹Weltweit Integrierte Kapitalismus› (WIK) dehnt sich extensiv auf alle Bereiche des sozialen, ökonomischen und kulturellen Lebens des Planeten aus und dringt auch in unsere subjektivsten, unbewussten Schichten vor. Dieser Macht kann man sich nicht mehr nur von außen, mittels traditioneller gewerkschaftlicher und politischer Praktiken entgegenstellen. Wir müssen der Wirkung des WIK auch auf dem Gebiet der mentalen Ökologie entgegentreten, mitten im täglichen individuellen, häuslichen, ehelichen, nachbarlichen, schöpferischen und persönlichen ethischen Leben.» (Guattari 2014. S. 43) Es ist genau dieser mentale Biotop, der von den das Unbewusste ständig unterwerfenden Industrien des Imaginären kontaminiert wird. Durch den Anschluss des menschlichen Imaginären an medialisierte Dispositive «benebelt sich die kapitalistische Subjektivität und anästhesiert sich selbst in einem kollektiven Gefühl der Pseudo-Ewigkeit» (Guattari 2014. S. 47) – die sich jedoch eher als eine ahistorische, dem Narzissmus verfallene Gegenwart darbietet. Es geht bei Guattari also darum, neue Formen des Zusammenlebens, des Engagements und des Aktivismus zu entwickeln.

LITERATUR
Angerer, Marie-Luise. 2017. Affektökologie. Intensive Milieus und zufällige Begegnungen. Meson Press, Lüneburg
Bargetz, Brigitte/Sauer, Birgit. 2015. «Der affective turn. Das Gefühlsdispositiv und die Trennung von öffentlich und privat.» In: Femina Politica 1. Tübingen. S. 93–102
Damasio, Antonio. 2004. Descartes' Irrtum. Fühlen, Denken und das menschliche Gehirn. List, Berlin
Deleuze, Gilles/Guattari, Félix. 1974. Anti-Ödipus. Kapitalismus und Schizophrenie I. Suhrkamp, Frankfurt am Main
Guattari, Félix. 2014. Chaosmose. Turia + Kant, Wien
Marchart, Oliver. 2013. Das unmögliche Objekt. Eine postfundamentalistische Theorie der Gesellschaft. Suhrkamp, Frankfurt am Main
Schäfer, Armin. 2012. «Das molekulare Unbewusste. Bemerkung zum Anti-Ödipus». In: Christine Kirchhoff/Gerhard Scharbert (Hg.). Freuds Referenzen. Kulturverlag Kadmos, Berlin
Thrift, Nigel. 2007. Non-Representational Theory. Space, Politics, Affect. Routledge, London

1 Mangel ist das Konzept, das die Last der gesamten Theoriearchitektur des Psychoanalytikers Jacques Lacan trägt. Lacan ist der Vorgänger und Lehrer von Deleuze und Guattari.
2 Verlustängste wie die Kastrationsangst in der klassischen Psychoanalyse bei Freud.

CARLOTTA THOMAS

Über die Neuberechnung von Pixeln bei der Skalierung digitaler Bilder

228

Zuerst war der akustische Raum. Das Paradies. Ohne Grenzen, ohne Richtung, die Welt der Gefühle, die ursprüngliche Intuition als Ausgang. Alle Sinne ansprechend.
Wort, Ton, Geste, Mimik.
1080 mal 720 Pixel grün braun gelb.
Ein pflanzlich anzusehender Stängel, verrenkt, verdreht, in jeder Sekunde das Licht gesucht und oftmals an anderer Stelle gefunden. Die Fünf Blätter, zwei davon vertrocknet, eines im Ansatz noch grün. Verwelkte gelbe Blüte an der Spitze des Stiels.
Das Licht fällt in diesem Moment von rechts herein, der Stängel streckt sich langsam und stösst an die Grenzen des grausam festgelegten Rahmens.
Ein Drücken, ein Schieben. Der Rahmen bleibt in Position. Zwei welke Blütenblätter brechen von der Dolde und fallen lautlos herab, bleiben auf der unteren Rahmenkante liegen.

Dann der Sündenfall. Alphabetisierung fängt das gesprochene Wort und kategorisiert es. Gedankengänge werden wissenschaftlich systematischer statt metaphorisch bildhaft.
Der Stängel wölbt sich leicht. Wie angespannte Muskeln drücken die Fasern des Zweigleins seine in der Vergangenheit liegenden und durch Wachstum sichtbar gemachten Verrenkungen in eine schlingernde S-Kurve. Ein drittes Blütenblatt bricht von der Dolde und bleibt mit seiner letzten starken Faser doch noch hängen. Es schaukelt taumelnd, geradezu unabsichtlich, federleicht und ganz nebenbei aus dem eben noch so grausamen Rahmen des Pixelkäfigs heraus. Neid in den Fasern des Zweigleins gegen das eigene letzte Kleid, zitternde Aufbäumung, Krümmung und Kraftsammlung.

Ein zweidimensionales Gewächshaus. Das Objekt ist nur illusioniert räumlich, die Wirklichkeit ist flach, der Ausschnitt festgesetzt.

Die Verbindung wird schwach, die Übertragungsrate verringert die Auflösung. Die Pflanze scheint den Atem anzuhalten. Die Sauerstoffproduktion gerät ins Stocken. Die Ränder der Blätter werden zackig, die Farben trennen sich in die verschiedenen Nuancen des Grün, des Braun und des Gelb auf.

Ein Zittern läuft von oben nach unten und ergreift nicht nur das Zweiglein, sondern gleichsam seine Umwelt. Dennoch scheint ein Ausbruch weiterhin unmöglich.

Die Erlösung. Das Elektronische Zeitalter. Elektronische Medien als Erweiterung des menschlichen Nervennetzes. Der Mensch ist erstmals in der Lage, sich von seinem Körper zu lösen. Ein weltumspannendes, einheitliches Bewusstsein entsteht, eine grosse Familie der Menschheit. Engagement und Teilhabe passieren auch ohne den eigenen Willen. Wir sind drin und dabei, angeschlossen an ein nach aussen gestülptes Nervennetz. Immer erregt.

Der Rahmen bleibt vom Zittern verschont, beständig und fest in einer fast grausamen Ignoranz jeglicher Umstände. Rückzug zur zweidimensionalen Mitte, die Übertragungsrate sinkt weiter, Pixel verschwinden lautlos, das Auge verliert im fehlenden Fokus seine Sehkraft. Zuerst gibt es keine Konturen mehr, dann vermischen sich die Flächen, schliesslich gibt es weder Pflanze noch Bewegung. Nur den Rahmen.

Das Dorf, in dem wir leben, ist isoliert.

NAME	Nora Z'Brun
PROJEKTTITEL	Studio Ōsoi – A Versatile Label
KEYWORDS	Multidisziplinär, Kleider, Bewusstheit
FRAGESTELLUNG	Wie gestalte ich ein Kleiderlabel, das sich abseits des Modekarussells bewegt und als solches funktioniert?
ABSTRACT	Studio Ōsoi versteht sich als multidisziplinäres Label, das in wechselnden Themenfeldern zum Aufspüren von Bewusstheit einlädt. Im Bestreben, Muster zu durchbrechen, nimmt es die verschiedenen Aspekte des Designprozesses unter die Lupe. Ziel ist es, eine Produktion wandelbarer Lieblingsstücke in Portugal aufzubauen, Kleider abseits von Saisons und kurzlebigen Modetrends zu produzieren.
BESCHREIBUNG	Der Umgang mit Kleidern hat sich in den letzten Jahrzehnten grundlegend verändert. Durch Medien, Werbekampagnen und hochkomplexe Strategien der Moderiesen sind wir im Umgang mit Kleidern verunsichert und überfordert. Das Karussell dreht sich schnell, und einen Überblick, wer welche soziale und ökologische Verantwortung trägt, haben die Konsument*innen nicht oder kaum. Darüber hinaus lassen die beschleunigten Lebenszyklen von Kleidern immer weniger Zeit zur Reflexion der eigenen Verhaltensweisen. Wir bleiben überfordert oder gar gleichgültig zurück und die Wertschätzung von Materialen, Handwerk und Herkunft verliert an Bedeutung.

Mit Studio Ōsoi stelle ich mir die Frage, wie ich mit der aktuellen Realität der Modeindustrie umgehe und welche neuen Wege möglich sind. Wie positioniere ich mich und welche Gestaltungsrolle übernehme ich in diesem Prozess? Welche Methoden eignen sich, um handlungsfähig zu bleiben und welche neue Handlungsweisen lassen sich daraus entwickeln? Meine Aufgabe sehe ich als Vermittlerin in der Auseinandersetzung mit dieser Thematik und der dabei zu fördernden Wertschätzung von Kleidern.

Studio Ōsoi versteht sich als ein multidisziplinäres Kleiderprojekt und nicht als ein konventionelles Modelabel. Transsaisonale Kollektionen, manufakturelle Produktion oder multikombinierbare Designs sind Potentiale, die es zu erkunden gilt. Mit letzteren werden einzelne Kleidungsstücke aufgewertet. Zudem bieten die Kleidungsstücke Bewegungsfreiheit und hochwertige Materialien, um sich rundum wohl zu fühlen.

Der Designprozess und die Philosophie von Studio Ōsoi werden von unterschiedlichen Faktoren inspiriert und beeinflusst. Zum Beispiel von der Feldenkrais-Methode, einer Bewegungslehre, die sich mit dem Aufbrechen von festgefahrenen Mustern und mit dem Körperbewusstsein beschäftigt. Auch für mich wichtige Aspekte japanischer Philosophie fliessen in die Arbeit mit ein. So entsteht ein ganzheitliches Label, das sich laufend weiterentwickeln kann. |

«Der Jumpsuit fühlt sich
an wie mein Zuhause –
ich wohne quasi darin!»

Luft, Liechtigkeit, Himmel
Ä herrlächä Ort!
Auess harmoniert & mä
chunnt zur Rueh
Ä ungloublech schöni
& ghunigi Installation.
Wundervou Darstellig vo
Studio oso'i's Philosophie

SILKE HELFRICH

Care und Commons

Care und Commons haben viel gemein. Sie sind keine abstrakten Konzepte, sondern konkrete Tätigkeiten: Wir sollten daher von (für-)sorgen und gemeinschaffen reden. Im schriftsprachlichen Neudeutsch heisst es dann caring und commoning.
Dabei geht es letztlich ums Können; um die Kunst des verantwortlichen Haushaltens mit dem, was in uns steckt, uns umgibt, uns

Marktressource und vorwiegend als Mittel zum Geldverdienen gesehen wird.
Care und Commons verweisen immer darauf, dass Arbeit nicht einfach Lohnarbeit ist, sondern immer mit der Frage verbunden bleibt: Was brauchen wir wirklich? (Für-)Sorgen und Gemeinschaffen setzt voraus, dass wir zunächst wahrnehmen und anerkennen, dass wir bedürftig sowie in vielfacher Weise voneinander

nährt und unsere Bedürfnisse befriedigt. Nicht umsonst ist «Ökonomie» vom griechischen oikos (deutsch: Haushalt) abgeleitet. (Für-)Sorge steht am Rande einer liberalen Geldwirtschaft, aber im Zentrum einer commons-basierten Lebensweise. Daraus resultiert der enge Zusammenhang zwischen beiden Konzepten. Meine These: ohne commons-basierte Gesellschaftsgestaltung wird Care sein Potential nicht entfalten können. Ohne commons-zentriertes Wirtschaften wird die Diskussion um – meist von Frauen geleistete – Sorgetätigkeiten in die Ökonomisierungsfalle laufen.
(Für-)Sorge gelingt, wenn Menschen einer Aufgabe mit ihrem gesamten Menschsein begegnen. Sie befriedigt Bedürfnisse, schöpft Werte, ist Dienstleistung und kann dennoch nicht einfach als Wirtschaftsgut gedacht werden. Das, worum wir uns wirklich kümmern, ist schlicht mehr als eine Ware. Es ist aufgeladen mit Erinnerungen, Bedeutungen und Gefühlen. Daher kann das Pflegen und Umsorgen nicht auf einen Preis – und nicht auf einen Lohn – reduziert werden. Durch (Für-)Sorge geprägtes Vermögen ist schlicht kein Marktprodukt und daher im Kern unbezahlbar. Durch (Für-)Sorge geprägtes Vermögen – im Englischen care-wealth – lässt sich nicht ohne den Rückgriff auf Zeit, Zuwendung und Verbundensein ausdrücken und anerkennen. Es ist zudem kaum damit vereinbar, dass Arbeit selbst zur

und von unserer Mitwelt abhängig sind. Neera Singh bezeichnet die daraus resultierende tätige Verpflichtung als «affektive Arbeit»[1], weil auch Liebe, Zuwendung und Sorge im Spiel sind – und natürlich ein Bewusstsein für die Dinge, die einfach getan werden müssen. (Für-)sorgend tätig sein heisst immer in Sorge sein & sich kümmern. Auf das «&» kommt es an. Das zeigt sich in vielen Lebensbereichen, wenn Menschen einen Wald verteidigen, wenn sie Kinder oder betagte Eltern betreuen, in ungezählten Stunden ein Web-Archiv gestalten und kuratieren, handwerkliche Fähigkeiten geduldig vermitteln oder mit Leidenschaft Wissen weitergeben. Im Commoning ist diese Form des Sorgetragens oft verbunden mit einer Verpflichtung, Probleme zu lösen oder eine gemeinsame Aufgabe anzugehen. Das gilt im Kleinen wie im Grossen. (Für-)Sorge (care) ist nämlich nicht nur für Commoning zentral, sondern im Wortsinne lebensnotwendig für die Gesellschaft als Ganzes. Sie hält uns zusammen. Die Grundlagen des fürsorgenden Kümmerns gehören deshalb in unsere Bildungs- und Lernräume. Und auf die Agenda der Gestalter*innen der Zukunft.

1 · Siehe Helfrich, Silke / Bollier, David: 2019. Frei, fair und lebendig. Die Macht des Commons. Transcript Verlag, Bielefeld

BENEDIKT ACHERMANN & DANIEL DROGNITZ

HyperRefusal

240

Die Sorge der Verweigerung

Einen Text schreiben, ohne Aussicht auf Honorar. Weil das Thema wichtig ist. Zu wichtig, um nichts dazu zu schreiben. Und wir schreiben doch so gern! So sitzen und schreiben wir in einer ehemaligen Fabrikhalle im gentrifizierten Herzen der Stadt, umgewidmet zu einem Kulturzentrum mit Bibliothek und Cafe. Dieser Ort, hip, aber gesichtslos, ist so eingerichtet, dass Menschen hier arbeiten können: viele Steckdosen, gutes WLAN, Tischchen mit Tischlampen. Planet Starbucks. Halb neun Uhr abends, gesprächige Feierabendstimmung. Wir sitzen am Laptop, ein Feierabendbier, alkoholfrei, ein Imbiss neben der Tastatur, Kopfhörer aufgesetzt, die Musik läuft. Wir schreiben über die Schwierigkeit, unter gegenwärtigen Bedingungen kulturelle Arbeit zu verrichten. Eine Arbeit, der man gerne unterstellt, Teil der Bezahlung sei die Selbstverwirklichung, die sie ermöglicht. Eine Arbeit, die daher oft un- oder unterbezahlt ist. Wir schreiben über die (Un-)möglichkeit, diese Arbeit zu verweigern.

1

Kulturelle Arbeit wird idealisiert. Viele nehmen ein prekäres Leben in Kauf, um ihr nachgehen zu können. Bei kulturell oder kreativ arbeitenden Menschen wird Passion für ihre Tätigkeit vorausgesetzt: Leute arbeiten in diesem Feld, weil sie gar nicht anders können. Die Arbeit steht in einem existenziellen Verhältnis zu jenen, die sie verrichten. Man macht keine Grafiken, keine Bilder, man veranstaltet nicht – man ist Grafiker*in, Fotograf*in, Veranstalter*in. Man gehört der Arbeit. Oft wird auf Entlohnung verzichtet. Vielleicht, weil man sich diese Arbeit für sein CV oder sein Portfolio aneignen will, vielleicht, weil jene Arbeit als Vorleistung für andere, bedeutendere Arbeiten gesehen wird. Dies verführt dazu, idealistische Kreative gar nicht oder nur dürftig zu entlohnen. Trotzdem entscheiden sich viele, die kulturelle, künstlerische, gestalterische Arbeit verrichten, gegen eine sichere Erwerbsarbeit im Angestelltenverhältnis. Die als unabhängig und selbstbestimmt idealisierte Arbeitsform der «Kreativen» kann als Kritik an gängigen Formen der Erwerbsarbeit gesehen werden, an der Anpassungsarbeit, die Angestellte leisten müssen, die Art und Weise, in der sie den Launen der Mitarbeitenden oder Vorgesetzten ausgeliefert sind, etc.

2

Die heutigen Formen angestellter Arbeit haben einen wesentlichen Ursprung in der Fabrikarbeit der Industrialisierung. Durch regelmässigen Lohn und andere Zuwendungen, die von der Arbeiterbewegung im Laufe der Jahrhunderte erkämpft wurden, können Lohnabhängige ihre Lebensgrundlage sicher und dauerhaft herstellen (zumindest bis zur nächsten Wirtschaftskrise …). Diese Form der Arbeit hatte einen gemeinsamen Ort: die Fabrik. Ein entscheidender Vorteil für die Arbeiterschaft – an diesem gemeinsamen Ort konnte man sich organisieren. Durch kollektive Niederlegung der Arbeit hatte man ein Druckmittel in der Hand, um bessere Bedingungen einzufordern.

Zur selben Zeit wie die*r Fabrikarbeiter*in bildet sich der Bohemien heraus. Dem Bohemien waren derartige Formen von Arbeit zuwider. Lieber lebte er in Armut und brachte seine Verachtung beschaulicher Sicherheit zum Ausdruck. Vor allem galt es, für die Kunst zu leben. In ihr suchte der Bohemien Verwirklichung – alles in seinem Leben musste Kunst sein. Das Leben des Bohemiens gestaltete sich als Gegenfigur zum bürgerlichen. Der Bohemien verrichtete so gesehen keine Arbeit, vielmehr übte und verkörperte er Kritik.

Diese idealisierte Schilderung des Bohemiens als Vorläufer der Kreativarbeitenden unterschlägt einiges: Kunst- und Kulturschaffende sind genauso Produktionsbedingungen unterworfen, müssen Aufträge annehmen, sich und ihr Schaffen verkaufen. Auch sie sind fremdbestimmt und Abhängigkeiten ausgeliefert. Sie werden dennoch um ihr schillerndes Leben beneidet: bunte Freunde, verrückte Projekte und Nonkonformismus. Wie viel Arbeit und Leidensbereitschaft hinter solchen Lebensformen steckt, wird ausgeblendet. Auch ist es ihnen nicht in gleicher Weise wie dem*r Fabrikarbeiter*in möglich, sich mit anderen zusammenzuschliessen, um gemeinsam die Arbeit zu verweigern, um für bessere Löhne oder

IT'S A TRAP

I fucking warned you dude. I told you bro

A CRITICAL ANALYSIS OF CAPITALIST PRODUCTION

By KARL MARX

Sozialversicherungen zu kämpfen. Sie haben keinen gemeinsamen Ort, ihre Verhältnisse sind unabgesichert, unübersichtlich – und die Individuen sind vereinzelt.

Mit der 68er-Bewegung begannen sich Arbeits- und Lebensweisen herauszubilden, die denen des Bohemiens sehr ähnlich waren. Es wurden neue Arbeitsformen propagiert, bei denen die Arbeitszeit flexibler, mobiler und vor allem kreativer strukturiert wurde. Die postoperaistische Theorieproduktion hat über diesen Wandel viel geschrieben und entsprechende Begriffe geprägt, wie den Kognitiven Kapitalismus des französischen Ökonomen Yann Moulier-Boutang. Der Mehrwert wird in diesem postfordistischen, immateriellen Kapitalismus nicht mehr in den Fabriken produziert. Hier stehen die abstrakten, kreativen Leistungen kognitiv Arbeitender im Zentrum. Deren Wissen und Kreativität ermöglicht ihnen beispielsweise, immer neue Marketingstrategien zu entwerfen, mit immer neuen Designs Begehren nach neuen Produkten herzustellen oder durch die Programmierung von Algorithmen Daten zu sammeln, um den richtigen Zeitpunkt für Hochgeschwindigkeitstransaktionen auf dem Aktienmarkt zu bestimmen. Die Orte dieser Produktionsweise sind nicht mehr die Fabriken, sondern die Städte. Die Arbeitsweisen dieses «Kognitariats» sind bohemienhaft, gleichen jenen der Kreativarbeitenden, die als individuierte, sich selbst ausbeutende ökonomische Einzelkämpfer*innen agieren. Denn auch das Kognitariat lebt oft prekär, hetzt als Freelancer*in von Auftrag zu Auftrag, hangelt sich von einem Praktikum zum nächsten. Mit dem Unterschied, dass sich in dieser Arbeitsweise keine Kritik zeigt, sondern nur Unterwerfung unter diese Arbeitsbedingungen. Die Arbeitsverweigerung als politisches Druckmittel anzuwenden erscheint in dieser Situation unmöglich. Der ökonomische Produktionszwang wurde derart verinnerlicht, dass er Teil der Identität und Lebensweise geworden ist. Für Kreative würde die Verweigerung unbezahlter Kulturarbeit – beispielsweise das Organisieren von Konzerten, das Erstellen von Memes, das Fotografieren, die Gestaltung von Grafiken – eine existenzielle Selbstverleugnung bedeuten. Verweigerung wäre Selbstsabotage.

3

Kann man heute überhaupt noch Arbeit verweigern? Wo fängt Arbeit an, wo hört sie auf? Wenn einzelne Kreative die Arbeit niederlegen würden, hätte das kaum Konsequenzen, ausser für sie selbst. Wenn ein*e Grafiker*in einen Job ablehnt, stehen schon fünf andere da, die den Job wollen. Gratis, fürs Portfolio, den Lebenslauf ... Und was ist überhaupt schlecht an unbezahlter Kulturarbeit? Ist sie aufgewertet, nur weil Geld dafür bezahlt wird? Wie geht man als Kreative*r mit der Realität eines nach dem Prinzip von Angebot und Nachfrage geregelten Arbeits- und Dienstleistungsangebots um? Welche Rollen spielen dabei die Kunsthochschulen, die ein Überangebot idealistischer junger Menschen, die «etwas Kreatives» machen wollen, für ein Leben in den *creative economies* konditionieren?

Die Arbeitsverweigerung als politische Strategie ernst zu nehmen bedeutet, an mehreren Punkten anzusetzen: Es müssen Wege gefunden werden, nicht produktiv zu sein, ohne sich selbst zu sabotieren. Möglichkeiten müssen gefunden werden, sich um andere und um sich selbst zu kümmern statt sich und andere auszubeuten. Kreativarbeitende müssen sich organisieren und zusammenschliessen. Statt ökonomisch tätig zu sein, knüpft und pflegt man Beziehungen, formt eine Community, entwickelt auch den eigenen Ausdruck, nicht aus Narzissmus, sondern in der Dekonstruktion dessen, was Zeit und Konzentration raubt.

Arbeitsverweigerung – derart als Selbstermächtigung und nicht als Selbstsabotage betrieben – unterwandert die Mechanismen der ökonomischen Inwertsetzung. In der Sorge um sich selbst, um andere und um die uns umgebenden Ökologien entstehen Fertigkeiten, die wir angesichts der kommenden Postwachstumsgesellschaft schon jetzt einüben sollten. Es geht nicht darum, das Tätigsein an sich zu verweigern. In der überschwänglichen Erfindungskraft der kreativ Arbeitenden liegt das Potenzial, Räume zu öffnen und darin Wege zu gehen, an deren Horizont ein für alle lebenswerteres Leben schimmert. Die Subversion liegt nicht in der Verweigerung oder den Tätigkeiten selbst, sondern in der in ihnen aufscheinenden Sorge.

LITERATUR
Raunig, Gerald/Wuggenig, Ulf (Hg.). 2016. Kritik der Kreativität. transversal texts, Wien
Lorey, Isabel. 2016. «Precarisation, Indebtedness, Giving Time. In: Eichhorn, Maria. 5 weeks, 25 days, 175 hours.» Chisenhale Gallery, London
Lazzarato, Maurizio. 2017. Marcel Duchamp und die Verweigerung der Arbeit. transversal texts, Wien
Moulier-Boutang, Yann. 2001. «Marx in Kalifornien.» in: 2001. Aus Politik und Zeitgeschichte. B 52-53. S. 29–37 Bundeszentrale für politische Bildung, Bonn

Burger King takes on McDonald's with a range of 'unhappy' meals

PUBLISHED 6 HOURS AGO   UPDATED AN HOUR AGO

Lucy Handley

SHARE   f   🐦   in   ✉   ...

...I resent having

To justify n

 we're doing unpaid cultural work here and lovin it   3:51 PM ✓✓

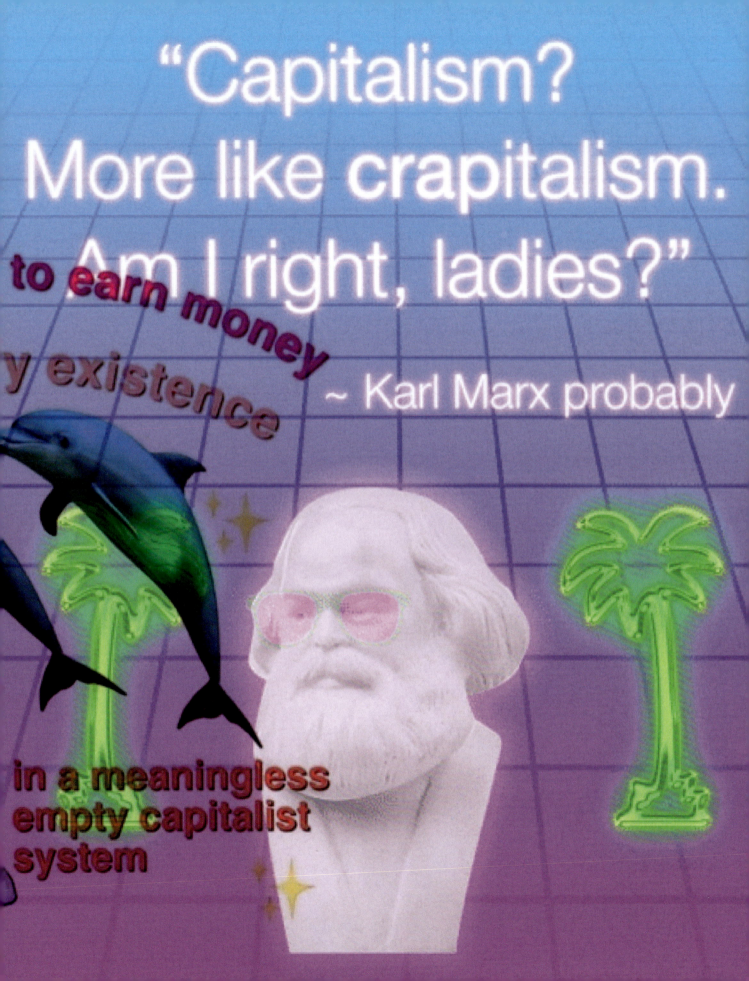

SERAFINA NDLOVU

I would prefer not to – Von Arbeit und Widerstand

Im September 2018 haben wir uns in einem Workshop mit dem Thema Arbeit und ihrer Resonanz auseinandergesetzt. Der Workshop bestand aus Inputs von Alumnus Beni Achermann und drei weiteren HyperWerk-Alumni sowie intensiven Diskussionsrunden. Uns wurden unter anderem verschiedene Formen vorgestellt, wie die Abgänger*innen ihren Arbeitsalltag gestalten. Dabei habe ich relativ schnell festgestellt, dass das Thema uns alle mehr betrifft, als anfangs gedacht.

Mir fiel vor allem ein grundlegender Unterschied der Arbeitsweisen auf: Während die einen einem «Brotjob» nachgehen und ihre Passionen ganz klar vom finanziellen Einkommen getrennt haben, um die Authentizität ihrer restlichen Arbeit zu wahren, haben die anderen sozusagen ihr Hobby zum Beruf – und damit zu Geld – gemacht. Letztere müssen immer wieder Aufträge annehmen, die sie nicht unbedingt vertreten würden, wäre nicht Geld im Spiel.

Spannend ist, dass offenbar bei den meisten Formen von Lohnarbeit ein gewisses Level an Kompromissen eingegangen wird; dass die Arbeit an sich vielleicht bereits ein solcher ist. Und dass diese Kompromisse gleichzeitig gezielt von uns gesteuert und relativiert werden können. Es gibt die einen, die sozusagen ihre Leidenschaft vom Geld abgetrennt haben und mit einer Teilzeitbeschäftigung ihre Lebenskosten stemmen, meist keine Kinder haben, und es gibt die anderen, die ihre Familien versorgen müssen und somit auf ein gewisses Einkommen angewiesen sind.

Im Workshop kam schnell die Thematik von bezahlter und unbezahlter Arbeit auf. Wir diskutierten lange über die Tatsache, dass unbezahlte Arbeit, also Arbeit, die nicht entlohnt wird, aber gegen Bezahlung von dritten erledigt werden könnte, in der Schweiz den Zeitaufwand für Lohnarbeit im Schnitt um 14 Prozent übertrifft. Dass diese Art der Arbeit in der Gesellschaft kaum Ansehen, keinen Preis und somit auch keinen Wert hat, zeigt, dass ein extremes Ungleichgewicht in unserem Zusammenleben herrscht.

Seither hat sich mein Ziel aufgelöst, meine Leidenschaften zum Beruf zu machen oder sie zu meiner Einnahmequelle zu formen. Ich möchte nach wie vor hinter dem stehen können, was ich mit meiner Lohnarbeit vertrete, jedoch haben sich die Bedingungen dafür stark relativiert: Solange die Lohnarbeit noch nicht wegzudenken oder umgänglich ist, kann ich leichter einen Job annehmen, der vielleicht nicht oder nur bedingt alle meine Voraussetzungen oder Ansprüche erfüllt. Das soll nicht heissen, dass ich meine Prinzipien für Geld verkaufe, sondern dass ich die Lohnarbeit eher als Mittel zum Zweck sehe. Als etwas, das meine Interessen ermöglicht und finanziert und meine Passionen nicht so verbiegt und abändert, dass sie einem kapitalistischen System dienen.

Was passiert, wenn wir die Lohnarbeit aus dem Zentrum unseres Denkens nehmen? Die Feststellung, dass wir uns selbst und andere mehr oder weniger dadurch definieren, was wir für Geld tun oder wieviel wir davon haben, hat auf diese Frage einen immensen Einfluss. Wir lernen, dass reproduktive Arbeit, emotionale Arbeit, Sorgearbeit, immaterielle Arbeit, sprich all jene Tätigkeiten, unser Zusammenleben bei weitem stärker, nachhaltiger und relevanter beeinflussen, als das die privatisierte Lohn-

arbeit tut. Wir lernen, diesen Arbeiten einen neuen angemessenen Wert zu geben, lernen uns und einander neu zu schätzen.

Heute bin ich mehr denn je überzeugt, dass wir als Gesellschaft und Gemeinschaft unsere Werte grundlegend überdenken müssen. Dadurch würde sich auch relativ bald unser wachstumsgetriebenes Denken erübrigen. Die Ressourcen unseres Planeten werden in absehbarer Zeit aufgebraucht sein, was unser aktuelles Streben nach vermeintlichem Fortschritt und Wachstum absurd macht. Für ein nachhaltiges Postwachstum oder eine Wachstumsrücknahme müssen wir uns alle mit dem Gedanken anfreunden, auf gewisse Umstände oder Dinge zu verzichten. Genauer gesagt sollten wir lernen, verzichten zu wollen. Denn Veränderungen sind nur dann nachhaltig und somit sinnvoll, wenn sie nicht erzwungen, sondern nachvollziehbar sind.

Verweigerung und Widerstand waren grosse Themen im Workshop. Den meisten der Beteiligten war klar, dass in uns allen irgendeine Form von Widerstand präsent ist, wenn es um Lohnarbeit geht. Je nach Stärke des Widerstands kann dieser jedoch genauso destruktiv sein, wie wenn das System gar nicht hinterfragt wird. Eine komplette Verweigerung führt zu Wut und Lähmung, zu reflexiver Impotenz, wie es Mark Fisher[1] beschreibt. Daher ziehe ich es – frei nach Bartleby dem Schreiber[2] – vor, mich im oder nach dem Widerstand zu fragen, was genau ich denn verweigere und warum, was ich tun will und wie. Wenn ich nämlich dem Problem, das ich mit dem Arbeitsverhalten unserer Gesellschaft habe, auf den Grund gehe, kann ich eine nachhaltigere Form des Widerstands schaffen, die im besten Fall andere dazu motiviert, ihre Verhaltensweisen auch zu überdenken, und sich individuelle Lösungen aufzubauen.

1 https://timesflowstemmed.com/2012/07/16/reflexive-impotence/
2 Melville, Herman. 2015. Bartleby der Schreiber. Verlag C.H. Beck, München

NAME	Elena Eigenheer
PROJEKTTITEL	"If Plants Could Speak …"
KEYWORDS	plants, storytelling, resilience
FRAGESTELLUNG	What can we learn from plants that are coping with stress, and how can I communicate my insights regarding their abilities?
ABSTRACT	My diploma thesis If Plants Could Speak deals with the fascinating and often overlooked abilities of plants when it comes to stress management. Opening with the question "If plants could speak, which stories would they tell?" I would like to unravel some surprising facts about plants in a visual narrative.
BESCHREIBUNG	The idea evolved when I was at a lecture about neophytes in the botanical garden. In the 19th century, the first European plant hunters went on long expeditions to examine foreign flora. Travelling through different continents, they collected various plants and seeds to bring them back home to their local botanical gardens. Some of these old tropical plants are still alive. I was wondering what these plants must have lived through when an old lady who was there with me said, "If only plants could speak …" I liked the idea. Not the idea that plants should acquire human-like abilities to talk to us, but the thought of learning something about them through stories really intrigued me. Understanding plants means deepening my understanding of natural cycles. And this understanding makes me feel more connected to nature instead of seeing myself as a separated individual. Plants are the oldest living beings. Through the eons, they always found a way to survive and cope with change by their own strategies of resilience. This aspect about plants has always fascinated me the most. They can survive extreme weather conditions, communicate with each other through chemical messages, are able to learn, to remember, to adapt to new surroundings, and they fight their way through the most adamant concrete. They are constantly working on keeping their ecosystem balanced. Just as we do — but, as it seems, in a much more sustainable way. If Plants Could Speak examines the abilities of plants to save themselves from extinction. Specific observation of nature has always been a great source of inspiration for technological innovations, so why not learn something from the green masters about their ways of dealing with stress? As a designer, my challenge will be to transcribe those pieces of wisdom in a creative way.

«It's a beautiful thing
that to have sex, plants need more
than two individuals.
They need a whole world.»

EMMANUELE COCCIA

NAME	**Kilian Noorlander**
PROJEKTTITEL	**Cultivating Materials**
KEYWORDS	**Myzel, computergeneriertes Design, spekulatives Design**
FRAGESTELLUNG	**Wie sieht Design aus, das aktuelle Technologien nutzt, um Organismen zu formen?**
ABSTRACT	Cultivating Materials züchtet Objekte mithilfe von Pilzen und Bakterien. Unter welchen Bedingungen lassen sich damit Alltagsgegenstände fertigen? Um dieser Frage nachzugehen, werden generativ Objekte mit Hilfe von 3D-Software gestaltet. Aus digital entwickelten Formen lassen sich physische Negative produzieren, in welche die Pilze und Bakterien hineinwachsen. Das Resultat zeigt, wie die digitale mit der organischen Ästhetik des Materials kontrastiert. Cultivating Materials wendet spekulatives Design für gezüchtete Produkte an.
BESCHREIBUNG	Im Zentrum von Cultivating Materials stehen Systeme. Auf experimentelle Weise erforsche ich die Qualitäten und Möglichkeiten der aus Pilzen und Bakterien gezüchteten Baustoffe. In erster Linie handelt es sich um den Austernseitling und Kombucha. Generierte versatile Materialien, die durch ihre Form- und Bearbeitbarkeit überzeugen, können Kunststoffe zukünftig ersetzen. Durch die Zusammensetzung des Substrats und andere Faktoren entsteht ein belastbares Material. Das Myzel des Austernseitlings hat sich bereits in Verpackungs-, Möbel- und Isolierungskontexten bewährt. Alternativ experimentiere ich mit Kombucha und teste dessen Möglichkeiten und Grenzen. Diese Designprozesse lassen sich mit dem Bierbrauen oder anderen Fermentierungsprozessen vergleichen, dabei kann es auch zu überraschenden und erstaunlichen Resultaten kommen. In starkem Kontrast zur organischen Materialität steht die Optik der digital gestalteten Objekte. Die am Computer produzierten algorithmischen Formen schlagen wieder den Bogen zu den Organismen, deren Netzwerke und Architektur durch ihre DNA – ihre biologische Programmierung – vorgegeben sind, deren Gestalt komplexen mathematisch generierten Formen optisch und strukturell ähneln können. Die ästhetischen und strukturellen Eigenschaften dieser mathematisch und biologisch generierten Gebilde dienen der gestalterischen Inspiration. Die biochemische und architektonische Qualität der Evolution beeinflusst den Designprozess. Mit fraktalen Formeln oder anderen Methoden kann die Vorhersehbarkeit der Resultate bewusst ausgeschaltet werden. Die Resultate sind als spekulative Entwürfe zu verstehen: Produkte einer Gesellschaft in naher Zukunft, die existierende und noch nicht existierende Gene nutzt, um umweltschonende Materialien und Objekte zu züchten. Wie werden solche von DNA und Computern gesteuerten Produkte in Zukunft aussehen? Und wie die Narration einer Zukunft anhand von Produkten, deren Entwicklung eher den Iterationen der Evolution ähnelt als dem Launch der neuesten Produktlinie.

«Mit Objekten, die aus Pilzen hergestellt sind, soll eine mögliche Zukunft erzählt werden.»

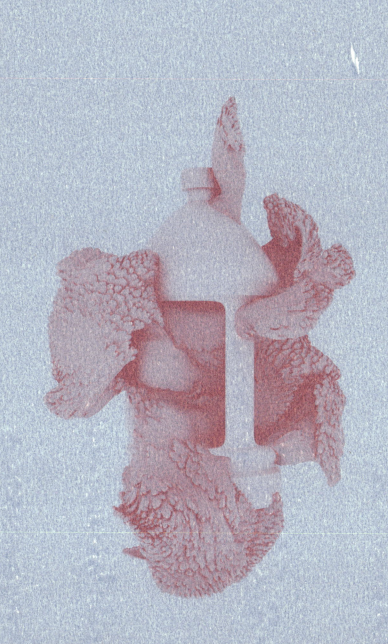

NAME	**Moritz Keller**
PROJEKTTITEL	**Pee a Hero** **Postindustrielles Design im Spannungsfeld von Ästhetik und Nachhaltigkeit**
KEYWORDS	**Intermaterialität, Selbststärkung, Anthroponics**
FRAGESTELLUNG	**Welcher Handlungsraum kann durch angewandte intermaterielle Prozessgestaltung geschaffen und wie kann sein Potenzial genutzt werden?**
ABSTRACT	Die Arbeit erläutert den Begriff der intermateriellen Gestaltung und ihrer wichtigsten Teilaspekte. Die Bedeutung des Kreislaufs und die grundsätzliche Notwendigkeit der Integration in denselben werden exemplarisch untersucht für Anthroponics, den Mensch-Urin-Pflanzen-Nahrungsmittel-Kreislauf. Das Phänomen der Selbststärkung wird thematisiert in seinen elektronischen und digitalen Ausprägungen. Die Gestaltungssprache stellt eine Kontextualisierung dieser Phänomene dar.
BESCHREIBUNG	Die Arbeit beleuchtet das Zusammenspiel vorwiegend funktionaler Aspekte von Gestaltung und deren Beziehung zu den ästhetischen Komponenten. Integrale Bestandteile der im Rahmen des Studiums entstandenen und in der Beschäftigung mit Pee a Hero entwickelten Gestaltungssprache sind die Wiederverwertung von Materialien und die Integration in die vorgegebenen Kreisläufe der Natur. Dies gewährleistet die Nachhaltigkeit der Wertschöpfung aus Produkten dieses Gestaltungsprozesses. Für die Gestaltungssprache führe ich den Begriff der Intermaterialität ein – abgeleitet von dem in der Literaturwissenschaft verwendeten Begriff der Intertextualität. Dieser beschreibt die Beziehung zwischen verschiedenen Texten über die darin verwendeten Bedeutungselemente und begründet die Notwendigkeit ihrer Kontextualisierung für ein adäquates Verständnis der Texte. Intermaterialität wendet dieses Konzept auf Materialität an. Durch technische Errungenschaften ist die Medienfähigkeit von Materialien und Prozessen tendenziell erhöht, denn sie sind sichtbar und in Narrative eingebunden. Dies führt zu erhöhter Selbststärkung, die ihrerseits die Sichtbarkeit der Handlungen und der damit verbundenen Narrative steigert; was wiederum eine breitere Rezeption und damit noch mehr Selbststärkung auslöst. Sie wiederum erhöht die Wahrscheinlichkeit zielführender Handlungen – und damit schliesst sich der Kreislauf der intermateriellen Gestaltung. Ein weiterer wichtiger Einflussfaktor ist die fortschreitende Demokratisierung der Produktionsmittel durch technischen Fortschritt, der sich als positiver Verstärker auf den Kreislauf auswirkt. Entsprechend wird der Einfluss von Intermaterialität auf die Gestaltungsprozesse dargestellt, vorwiegend anhand der digitalen und elektronischen Selbststärkung.

«Work it,
make it,
do it,
make us,
harder,
better,
faster,
stronger.»
DAFT PUNK

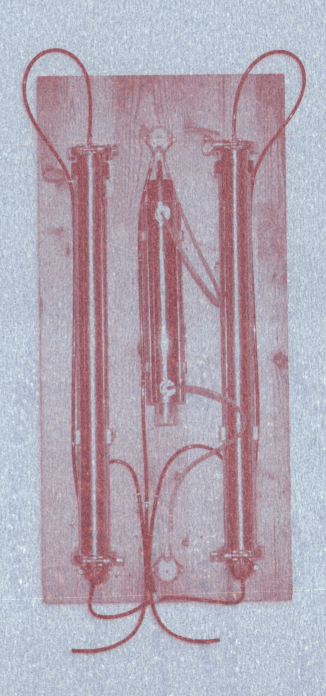

ANDREA ITEN

i Don't Care

264

«If she marry a taxi driver I don't care», singen die «3 Mustaphas 3»[1] in den 80er Jahren. Nichts ist und bleibt, wie es scheint. In der Diplomarbeit distanziert sich die Studentin Anouk Stucky von Stereotypen und benutzt das Medium Film, um sich davon zu verabschieden. Bitte, was hat das mit Musik zu tun? Sehr viel, aus meiner Sicht. In den ersten multimedialen Ausbildungsklassen der Schule für Gestaltung Basel wurde nicht nur gesehen (Video), sondern viel gehört (Audio). René Pulfer brachte zu speziellen Anlässen seine Sammlung mit. Es waren nicht nur sensationelle Videobänder wie «Shut The Fuck Up» von General Idea[2], sondern auch schneeweisse Vinylplatten, die, je nach Art, wie sie abgespielt wurden, verschiedene Songs hervorbrachten. «The Doors» mit Jim Morrison waren ebenso treue Begleiter im Studium wie etwa Diamanda Galas, die stimmgewaltig auf der Bühne der Kaserne auftrat, mit dringlich abgründigen Äusserungen, die das Blut im Körper gefrieren liessen.

Eine nostalgische Rückschau? Überhaupt nicht. Reinhören und ausprobieren! Wo bilden sich Widerstände? Wem und was wird eine Stimme gegeben, weit weg von Gehorsam und Konkordanz. Blitze und Donner überfluten den weichgespülten Geschmack und verstören da, wo es einen etwas angeht. Raster fallen weg, Muster zeichnen sich ab. Muster der anderen Art, die sich nicht einfach ein- oder zuordnen lassen. Mit einer menschlichen Stimme als Waffe allein, die sich durch Schmerzen, Verzweiflung frei singt oder schreit, den Raum fordernd öffnet und viel mehr zulässt, als wir gewohnt sind oder uns vorstellen können.

AUF DER SCHWELLE – MUT ZUM ÜBERGANG.

Wie und wo verbinden wir uns? Was lehrt uns Sona Jobarteh?[3] Wann ergriff Angelique Kjdio das letzte Mal eine Hand im Publikum? Die kurzen Momente, wo sich Konzerträume auflösen und Anschuldigungen wegbrechen schaffen Musiker*innen bewusst und gezielt, um Nachrichten zu platzieren, wo sie hingehören. Sei es beim Arc de Triomphe vor Trump, Macron und Merkel[4] oder bei Otto Normalverbraucher, der gewillt ist, der «MUSE» den Platz einzuräumen, der ihr gebührt. Weg von Playlists, Tantiemen, Millionenklicks und Fanclubs auf Facebook. In einer Dringlichkeit, die Kleinkrieg und Besserwisserei kraftvoll einebnet, wegpustet und Klangräume auftut, die von Kleinkram und Erbsenzählen befreien. Uns richten, verbinden, etwas transformieren, variieren und überwinden. Nicht im forschen Gleichschritt, sondern vielfältig, differenziert, verspielt und inspirierend. Zur rechten Zeit am rechten Ort, mit Schwung und Lebensfreude.

Ich komme nicht umhin, das Geheimnis der «3 Mustaphas 3» zu lüften. Wie war das mit der Heirat und dem Taxi driver? «If she marry a taxi driver I don't care» stammt ursprünglich vom nigerianischen Jazzmusiker Bobby Benson[5] und wurde von den «3 Mustaphas 3» gecovert. Elegant und klandestin hat sich diese Musiker*innengruppe in den 80er Jahren sämtlichen Klischees durch ihre Formation entzogen. Ihre eigene Geschichte umschreiben sie als folgende: Sie wären in der Stadt Szegerely gegründet worden, bevor die Mitglieder in Kühlschränken (!) nach England verschifft wurden. Lange vor dem Balkanhype hatte sich die Gruppe als Combo positioniert und mit ihrem Drive weltweit Herzen erobert.

Die Band (die Bande) hat sich bis heute nicht aufgelöst. Sie tritt nicht mehr offiziell auf, spielt keine Alben mehr ein. Weshalb? Das fragen Sie am besten René Pulfer bei der nächsten «I never read – I never hear» in der Kaserne Basel. Ich bin mir sicher, er weiss noch ganz anderes zu erzählen, etwa über «The Residents» oder Laurie Anderson.

Musik, aus dem Griechischen, das altgriechische Adjektiv *mousikós* (-ḗ, -ón) (μουσικός (-ή, -όν), von moûsa μοῦσα ‹Muse›) erschien in der weiblichen Form zuerst 476 vor Christus in Pindars erster Olympischer Ode. «Das Adjektiv *mousikós* (μουσικός) floss als *musicus* (-a, -um), ‹die Musik betreffend, musikalisch; auch:die Dichtkunst betreffend, dichterisch›, *musicus* (-i, m.), ‹Musiker, Tonkünstler; auch: Dichter›, *musica* (-ae, f.) und *musice* (-es, f.), ‹Musenkunst, Musik (im Sinne der Alten, mit Inbegriff der Dichtkunst)› und *musicalis* (-e), ‹musikalisch› in die lateinische Sprache ein.»[6] Sie begleitet uns vom ersten Atemzug, Schrei bis zum letzten, ein Leben lang und darüber hinaus. Als Inspiration in Persona.

THANK YOU FOR THE MUSIC

So werden Griots und Griottes[7] weiterhin gesungene Geschichte(n) weit über Menschengedenken hinaus transportieren. In welcher Form das sein wird, damit muss sich jede Generation von Neuem befassen und sich in ihr positionieren. Indem wir uns in Klangwelten begeben, können wir uns darüber gemeinsam mit anderen temporär verbinden und so neue Orte kreieren, wo falsch oder richtig keine Relevanz haben, sondern das gemeinsame Tun rigiden Zorn oder verzagte Fragen aufzufangen vermag und sie in die Zukunft transportiert, damit sie weiterklingen. Und wenn's verzwickt werden will, rät Angelique Kjdio zu Geduld. «Abba» bedankt sich bei der MUSE: Und nicht naiv werden: «The Winner Takes It All»![8]

---

1 https://de.wikipedia.org/wiki/3_Mustaphas_3, 7.7.2019
2 https://www.eai.org/titles/shut-the-fuck-up
3 https://en.wikipedia.org/wiki/Sona_Jobarteh#/media/File:Sona_Jobarteh_TFF_02.JPG, 8.7.2019
4 https://www.youtube.com/watch?v=BpA-BEO2Embs, FRANCE 24. Am 11.11.2018 veröffentlicht
5 https://de.wikipedia.org/wiki/Bobby_Benson, 7.7.2019
6 https://de.wikipedia.org/wiki/Musik, 7.7.2019
7 https://www.deutschlandfunk.de/koraspielerin-sona-jobarteh-moderne-griotmusik-aus-gambia.1173.de.html?dram:article_id=346727
8 https://www.youtube.com/watch?v=ghuFTlgd1A

«*please let her go – nobody cares*»

NAME	**Kim Aeby**
PROJEKTTITEL	**Customindi** **Fallstudie Kustomkikz**
KEYWORDS	**Custom, Special, Upgrade**
FRAGESTELLUNG	**Wie können individuelle Produkte oder Dienstleistungen unabhängig von der Digitalisierung erarbeitet und angeboten werden?**
ABSTRACT	Customindi zeigt eine Individualisierung von Produkten und Objekten, unabhängig von der allgegenwärtigen Digitalisierung. Durch den Prozess der Individualisierung lassen sich spezifische Merkmale klar erkennen und hervorheben. Customindi arbeitet mit Gestalter*innen aus verschiedenen Kreativberufen zusammen, der Fokus liegt auf den manuellen Arbeitsschritten. Die Produkte und Dienstleistungen werden nach spezifischen Wünschen der späteren Nutzer*innen angefertigt. Es entsteht eine Plattform, auf welcher alle beteiligten Partner und involvierte Interessierte sich austauschen können.
BESCHREIBUNG	Customindi zeigt auf, dass kreative Arbeit und individuelle Produkte nicht von der Digitalisierung abhängig sind. Die manuellen Arbeitsprozesse werden zu Erlebnissen transformiert. Kund*innen und Interessierte können bei der Individualisierung des Produktes anwesend sein. Die digitale Technik nimmt in Customindi eine unterstützende Rolle ein. Sie dient der Dokumentation der Events, trägt zur Konzeptionierung bei und nutzt soziale Medien als Plattform der Verbreitung. Die analoge Welt nimmt so einen höheren Stellenwert ein: Die real world ist mehr als social media! Die Events sind zugänglich gestaltet. Der gegenseitige Austausch ist möglich und wird spezifisch gefördert. Die Person, die eine Dienstleistung in Anspruch nimmt, hat in der Regel nicht das letzte Wort, vielmehr entwickelt sich ein lebendiges Wechselspiel zwischen Kreativen und «Kund*innen». Customindi positioniert «customized / individuell» neu und implementiert dies in verschiedenen Themenfeldern. Variable Anwendungsbereiche werden erkundet und alternative Verbindungen zwischen unterschiedlichen Parteien entstehen. Die daraus wachsenden Symbiosen werden begleitet und untersucht. Ist ein Proof of Concept möglich? Lässt sich ein eigenständiges Geschäft entwickeln? Sind geeignete Anwendungsbereiche zu finden und in Kooperationen möglich? Auf dieser Basis suche ich nach geeigneten Partner*innen, um die Idee beziehungsweise den Event zu verwirklichen – «Verbinde die Punkte!».

«preferably c(h)u(man)stom(ized)»

NAME	**Luca Zeller**
PROJEKTTITEL	**Tonfall des Handwerks**
KEYWORDS	**Analog, Transformation, Werkzeug**
FRAGESTELLUNG	**Wie lässt sich mittels auditiver Untersuchungen der ursprüngliche Nutzen wie auch das traditionelle Anwendungsfeld von analogen Werkzeugen neu gestalten?**
ABSTRACT	Das Werkzeug als Verlängerung des Körpers dient dazu, Dinge zu vereinfachen, zu erweitern und zu lösen. In welcher Beziehung stehen heute Werkzeug, Anwender*innen und Arbeitsprozess? Kann aus dem ursprünglichen Zusammenhang von Funktion, Werkzeug und Anwendung ein neuer Nutzen entstehen? Können analoge Werkzeuge, als Medien verstanden, in digitale Kontexte eingebaut werden? Tonfall des Handwerks befasst sich mit Interaktionen zwischen Mensch und Werkzeug. In mehreren musikalisch-technischen Experimenten nähert sich das Projekt dieser Wechselbeziehung und macht sich auf die Suche nach neuen Verbindungen und Grenzen.
BESCHREIBUNG	Tonfall des Handwerks basiert auf drei Experimenten. Die gemeinsame Versuchsanordnung geht von vier mit Mikrofonen ausgestatteten Werkzeugen und jeweils vier Proband*innen aus. Die mit den Werkzeugen generierten Klänge werden mit einem Tonaufnahmegerät aufgezeichnet. Die Proband*innen erfahren, dass gewohnte Werkzeuge andere Nutzen und Klänge hervorbringen. Im ersten Versuch nutzen eingeladene Studierende diese Werkzeuge. Mittels eines Regelwerks wird spielerisch Einfluss auf einige Parameter der Tonausgabe, wie Effekte und Lautstärke, genommen. Die Resultate werden in einem Listening rezipiert. Das zweite Experiment findet im Zwischennutzungsprojekt Zentrale Pratteln statt und richtet sich an Expert*innengruppen aus den Bereichen Handwerk, Musik und Akustik. Auch Kinder und Jugendliche sind involviert. Gemeinsam wird eine Komposition erarbeitet. Wie kann die Gruppe ein Orchester bilden, die Werkzeuge als Instrumente einsetzen und Musik machen? Das dritte Experiment ist ein performativer öffentlicher Versuch mit Einbezug des Publikums im Rahmen des HyperFestivals 2019.

«Ich bin Schreiner –
Ich bin Musiker.»

ANDERS MODIG

organic research

276

[...] How are you connected with history? How are current events affecting you? How are you part of what is going on? This we will find out; using individually chosen sources, which will help you along the organic road of human encounters intertwined with good old Google, institutional knowledge and media.

From: Anders Modig
Subject: Hyperwerk
Date: 3 April 2019 at 11:00:17 CEST
To: Esther.Baur, Sabine.Strebel

Dear Esther and Sabine, Thank you so much for an extremely inspiring meeting yesterday! I attach a draft of how we could work together on April 23–24. As mentioned I am very willing to come to Staatsarchiv to meet Sabine next week to learn more so that I could get the students started. When would be good for you, Sabine?
All the best,
Anders

From:
Subject: AW: AW: Hyperwerk
Date: 12 April 2019 at 17:27:46 CEST
To:

Lieber Anders
Ich bin gespannt, wie dein Projekt ablaufen wird! Bitte schicke mir am Dienstag abends die Signaturen und Fotos der ausgesuchten Bilder zu, damit ich etwas mehr Zeit habe.
Wir haben gestern folgendes abgemacht:
23.4. 14 bis 17:30 Uhr Besuch und Auswahl der Fotografien mit 9 Studierenden im Lesesaal Bildersammlung. Ihr arbeitet mit den weissen Mappen «Arbeitswelten», die in der Genealogie an der Wand zum Lesesaal Bildersammlung stehen.

Bitte teile deinen Studierenden mit:
- Rucksäcke und Mäntel in der Garderobe unterbringen
- Kein Essen, Trinken oder Rauchen in den Räumlichkeiten des Staatsarchivs
- Keine Telefongespräche in den Räumlichkeiten des Staatsarchivs
- Gespräche nur im Lesesaal Bildersammlung, nicht im grossen Lesesaal
- Sie können mit den Zeitungsausschnittsammlungen (Bios und Topo) arbeiten, sowie mit Büchern aus der Bibliothek oder aus dem Lesesaal, sowie mit dem Adressbuch.
- Am Ende lassen sie die Arbeitsmappen und die ausgesuchten Bilder in der Bildersammlung
- Sie könne die Unterlagen, die sie verwenden abfotografieren
- Sie können das Lesesaalpersonal ansprechen, aber wenn diese keine Zeit hat, dann müssen die Fragen am Mittwoch mit mir geklärt werden

Am Mittwoch, 24.4. 10–12 werden wir die Recherche zusammen weitergehen und auch Originale hervornehmen.
Lieben Gruss, Sabine

Från: Anders Modig
Datum: 12 april 2019 18:54:25 CEST
Till: Sabine.Strebel
Ämne: Re: AW: AW: Hyperwerk

Liebe Sabine,
Klingt alles perfekt, danke für die fantastische Zusammenfassung.
Ich freue mich sehr über die Arbeit zusammen mit dir.
Ich wünsche dir ein schönes Wochenende.
LG, Anders

From: Anders Modig
Date: Tue, 16 Apr 2019 at 13:33
Subject: Important info regarding Organic Research workshop

Dear All,
I am thrilled that so many of you are joining the Organic Research workshop.
A few of things before we get going:
- We have quite a tight schedule, thus being on time goes without saying.
We start on Tuesday April 23 10:00 at Hyperwerk in TALK.
- Please bring a newspaper.
- As you have seen we are cooking together the first evening. For this I want you to also bring a guest. This guest will be «given» to one of the other students, to aid as a source, catalyst or mentor for this student's project. This dinner will in a guest atelier in the Warteck building, enter via terrace above Don Camillo. (Burgweg 7) We will meet in the atelier at 19:00.
N.B! If you cannot bring a guest to the dinner, please let us know ASAP so that we can organise other people.
- You are welcome to work alone or in groups of maximum 3 students.
- As mentioned I will hold the workshop in English, but I do speak and read German, and you are free to do all your work in German or English.
If you have any questions, don't hesitate to reach out to me via email or cell phone ( )
I really look forward to meet you all on Tuesday!

All the best,
Anders Modig

Eigentlich habe, habe ich Archive immer als etwas höchst langweiliges erlebt. Räumlichkeiten, so trocken, das einem der einem der Speichel auf der Zunge abdunstet und so dem Hirnfluss schadet. So jedenfalls war meine Erinnerung, die ich aus der Schulzeit so. Wir gingen damals das kilometerlange Bundesarchiv anschauen. Als wir mit dem Hyperwerk ins Staatsarchiv gingen erwarte ich ich also nichts, das sonderlich spannend wäre. Wir hatten den Auftrag Kopien von alten Fotos aus Basel zu betrachten, und dann darüber eine Recherche zu machen. Die Fotos waren irgendwie witzig aber lösten in mir nicht wirklich Interesse oder Inspiration aus. Ich habe sie rasch und gedankenlos durchgeblättert.

Doch in einem Regal, im gleichen Raum, wo wir die Fotos betrachteten, blinzelte mich ein Ordner mit der Aufschrift **Flüchtinge / Bomben 1945** an. Auch wenn ich wusste ab ich darf, was sich später als ein Nein entpuppte, nahm ich den Ordner und klappte ihn auf. Sobald ich den Ordner berührte entfaltete sich eine Welt vor mir, die ich nicht kennen zu glaubte.

Als wäre der Ordner eine Treppe die in den Keller des zweiten Weltkriegs führte. Ich fühlte mich so als könnte ich in Basel von damals herumgehen und mich umschauen. Der Ordner war voll mit winzigen Fotografien aus dem 2. Weltkrieg in Basel. Zum Beispiel sah ich Fotos vom versehentlich bombardierten Güterbahnhof Wolf im Gundeli Quartier. Nur durch Zufall wurden keine Menschen getötet. Ich sah Bilder von Leichen aus St. Louis, nur wenige hundert Meter von der Grenze zur Schweiz. Dort litt man Hunger und Schrecken, während auf der anderen Seite das Leben relativ friedlich weiterging und die Bäume frühlingshaft blühten. Auch sah ich Fotos von Zügen, die Kinder aus dem KZ Buchenwald in die Schweiz brachten. Einige der traumatisierten Kinder wurden einzeln abgelichtet. Ich forschte nach diesen Kindern. Und als ich auf ein Buch des Fotografen .... gestossen bin fand ich Berichte über das Leben der Kinder danach.

Ein Junge wurde Mechaniker in Davos. Ein Anderer reiste nach dem Krieg nach Palästina und schloss sich der zionistischen Bewegung an. Andere Wege wiederum endeten in in Argentinien. Allgemein wurde mir rasch ersichtlich, das viele Flüchtlinge nach dem Krieg nicht in der Schweiz blieben. Ich wollte wissen wieso und durchblätterte Zeitungen von links bis rechts in der damaligen Basler Medienlandschaft. Ich fand heraus, das die Schweiz gar nicht umbedingt geflüchtete Menschen aufnehmen wollte, jedenfalls nicht langfristig. Die Strategie trug den Namen „Transitflüchtlinge". Die Geflüchteten mussten beweisen oder versprechen nach dem Krieg das Land wieder zu verlassen. Allgemein wurde wurde während des zweiten Weltkriegs mehr über die MUBA und über die Angst vor dem Krieg geschrieben als über eine humane Flüchtlingspolitik. Da ich sehe ich auch Parallelen zur heutigen Zeit. Man hat immer noch Angst vor dem Fremden das zu uns kommen will und Schutz und Zukunft sucht. Ich fand auch heraus, das es in Büren an der Aare in Konzentrationslager gab. Es war nicht ein KZ im Nazi Sinne trug aber am Anfang der Kriegszeit tatsächlich den gleichen Namen. Später wurde der Namen in Polenlager geändert, da fast ausschliesslich polnische Männer dort untergebracht wurden. Ihnen wurde verboten sich frei im Dorf zu Bewegen oder sich mit Schweizer Frauen zu treffen. Sie wurde also von der Regierung als absolute Flüchtlinge geduldet aber nicht als Menschen. Witzig, das nach dem Krieg etwa 350 polnisch-schweizerische Kinder in Büren geboren wurden. Heute ist es ja auch so, dass Flüchtlinge in abgelegene Bergdörfer verfrachtet werden, wo soziale Durchmischung gar nicht stattfinden kann.

Es gäbe noch viel mehr Geschichten zu erzählen, die ich im Archiv schlummern gesehen habe. Zum Bespiel von Schweizern die im Krieg den Nazis dienten und was nach dem Krieg mit Ihnen passierte. Aber dazu bleibt mir keine Zeit. Ich fand es einfach unglaublich, was sich für eine Welt öffnen kann, wenn man auf Objekte wie diesen Ordner trifft. Und man erlebt, wie Vieles mit etwas Einzigem verbunden ist, so wie wie das System der Myzel, das einem zeigt, wie etwas, das fern scheint, doch so Nahe am Jetzt ist.

Luca Schindler, 1. Mai 2019

from: Anders Modig ███████████████████████
date: 1 May 2019, 15:14
subject: Re: Important info regarding Organic Research workshop

Dear All,

Regarding Friday: Meeting at Hyperwerk in Talk at 10:00. Finish latest at 16:00
If you are feeling difficulties in progressing forward, you all know by know (after the exercise, Editor's note) how much you are able to do in half an hour if you just do it without thinking …
As said before, I am available via email or phone ███████████████ if you have any questions.
For your info: Rasso said that we could probably do something for the HW Jahrespublikation from the workshop: Any ideas around this are more than welcome.
Look forward to see you on Friday.

All the Best,
Anders

From: Luca Schindler ████████████████████████
Subject: Absage Workshop / Absage Artikel
Date: 30 April 2019 at 11:01:18 CEST

Lieber Anders

Ich war ja letzte Woche schon so halb krank und jetzt war ich es so richtig bis heute.
Darum habe ich leider keine Zeit gefunden zum meinen Artikel fertig zu schreiben, geschweige denn in eine Richtung oder Form zu bringen. [...]

Liebe Gruess
Luca

From: Anders Modig ████████████████████████████
Date: Tue, 30 Apr 2019 at 11:38
Subject:
To: <luca.schindler█████████████████>

Dear Luca,

Thank you for your email. I understand that you have a lot on your plate at the moment. Having said that, I do like your path in the Staatsarchiv, which is just such a great example of stumbling upon something that triggers ones curiosity, imagination and connectedness and so many things. [...]
What do you think? I look forward to hear back from you.

All the Best,
Anders

From: Luca Schindler ▓▓▓▓▓▓▓▓▓▓▓▓▓▓▓▓▓▓
Date: Wed, 1 May 2019 at 11:20
Subject: Re:
To: Anders Modig ▓▓▓▓▓▓▓▓▓▓▓▓▓▓▓▓▓▓

Hey Anders

Danke für deine Antwort. Ich finde das eine spannende Herausforderung.
Ich nehme mir diese Woche max. eine Stunde Zeit um einen Artikel zu schreiben und dann sende ich dir das Resultat.
Ich bin gespannt, ob etwas daraus entsteht.
Du hörst bald von mir

Liebe Gruess
Luca

From: Luca Schindler ▓▓▓▓▓▓▓▓▓▓▓▓▓▓▓▓▓▓
Date: Wed, 1 May 2019 at 13:11
Subject: Re:
To: Anders Modig ▓▓▓▓▓▓▓▓▓▓▓▓▓▓▓▓▓▓

Hey Anders

Ich habe mir jetzt eine Stunde Zeit genommen. Den Text findest du im Anhang.
Ich bin gleich vorgegangen, wie im Workshop. Ich habe zuerst mit Stift skizziert und dann den Text auf dem Laptop «getóggelet».
Ich habe versucht einen Mittel und Schlussteil zu gestalten.
Der Artikel ist noch ziemlich sperrig und eckig, trotzdem fand ich jetzt eine sehr coole Erfahrung zu sehen, das man in einer Stunde, ziemlich weit kommen kann.
Danke für dein Nachhacken und Herausfordern!

Liebe Gruess
Luca

From: Anders Modig ▓▓▓▓▓▓▓▓▓▓▓▓▓▓▓▓▓▓
Date: Wed, 1 May 2019 at 15:22
Subject: Fwd:
To: Rasso Auberger ▓▓▓▓▓▓▓▓▓▓▓▓▓▓▓▓▓▓, Catherine Walthard <▓▓▓▓▓▓▓▓▓▓▓▓▓▓▓▓▓▓

Dear Rasso and Catherine,

I like this text in the attached PDF from Luca. Which he had no intention of writing. (see the email exchange)
More to come after Friday, I hope.
See you Friday.

All the Best,
A

MAX SPIELMANN
HyperFestival

17. – 23. Juni 2019 / Dreispitz Areal

Wie werden wir zusammenleben? In Verbindung mit *Alles könnte anders sein!* wird diese Frage zu einer grossen Verunsicherung. Es fehlt die von aussen definierte Richtung. Es liegt an uns, Vorstellungen zu entwickeln. «Verbinde die Punkte» fordert auf, aus der schier unendlichen Menge von Möglichkeiten eine Auswahl zu treffen und exakt diese Elemente miteinander in Beziehungen zu setzen. «Doing Care» ist dabei Anker und Anleitung. Welche unserer Anliegen sind von Belang? Wem gilt unsere Achtsamkeit? Welchen Dingen wenden wir uns zu und wie bauen wir eine emotionale Beziehung zu ihnen auf? Wann sind wir bereit, Verantwortung zu tragen und uns aktiv um etwas zu kümmern? Was bereitet uns Sorgen? Was versetzt uns in eine anhaltende Unruhe? Wofür setzen wir uns kontinuierlich ein?

wieder und von neuem miteinander verbunden, repariert, in Gang gehalten, solidarisch gehandelt und gemeinsam bewirtschaftet. Wo ist Gestaltung möglich? Ist Gestaltung so möglich? Wir meinen: Ja.

Im Juni schwärmten wir aus ins Dreispitz-Areal. Wir verbanden uns mit Menschen vor Ort, näherten uns den angesiedelten Firmen und Organisationen und den Strukturen des gebauten Raumes. Stadt neu denken – wie Raum anders leben? Kann so Nachhaltigkeit als soziale Dimension aussehen?

Nachhaltigkeit verstehen wir als Frage der Achtsamkeit auf uns selbst als Individuen, auf unsere Kollektive und sozialen Strukturen. Diese Arbeit an und mit Sorge nennen wir *Care*. Sie ist reproduktiv, es wird dabei nichts Neues produziert und vermehrt. Es wird vieles immer

MAX SPIELMANN & SOTIRIOS BAHTSETZIS

Doing Care VI

Beunruhigung und Verunsicherung

Ein Anliegen von Sorge wäre es, die materialistisch-utilitaristischen Selbstbeschreibungen einer Gesellschaft, in der alles zum Verkauf steht, zu ändern. Dies sollte den gegenwärtigen Existenzmodus überwinden, der sich laut Wolfgang Streeck auf folgender Maxime gründet: «coping, hoping, doping and shopping» (Streeck 2017. S. 50). Design ist eine der wichtigsten Grundlagen dessen, was Streeck eine «Kultur des kompetitiven Hedonismus» nennt (S. 52). Design und Werbung tragen dazu bei, die Rentabilität des Kapitalismus zu steigern, indem sie in Menschen, deren Bedürfnisse gedeckt sind, Wünsche entwickeln, die in dem Moment, in dem sie erfüllt werden, neue Wünsche hervorrufen (S. 52). Offensichtlich wird Konsum auch vom gesellschaftlichen Status der Konsument*innen reglementiert. Kulturkonsum bedeutet, ein Produkt oder eine Dienstleistung in Verbindung mit einem Markennamen zu kaufen oder an exklusiven Erlebnis-Events teilzunehmen.

Der kompetitive Hedonismus geht jedoch mit einer bedeutenden Entwicklung der Selbstbeschreibungen von modernen Subjekten einher. Einen wesentlichen «subjektphilosophischen Strang liefern die ästhetischen Diskurse im Kontext der Romantik: Hier wird das Subjekt als Ort der Expression eines ‹Innen im Aussen›, als eine individuelle Ausdrucksinstanz vorausgesetzt, die bereits bei Rousseau immer auch ihre Selbstentfremdung in der Konfrontation mit gesellschaftlichen Einflüssen riskiert.» (Reckwitz 2008. S. 76) Der im späten 18. Jahrhundert stattgefundene Übergang von Martin Warnkes «Hofkünstler» zu Oskar Bätschmanns «Ausstellungskünstler»[1] ist verbunden mit der Selbststilisierung der Aussenseiterposition der Künstlerfigur und ihrer Identifikation mit mythologischen Figuren des kreativen Übermenschen wie Prometheus. Der romantische Begriff des Enthusiasmus, der von nun an charakteristisches Merkmal der künstlerischen Inspiration wurde, bezeugt die religiöse Konnotation dieses Übergangs. Das Wort wird aus *en* und *theos* und *ousia* zusammengefügt und bedeutet «vom Wesen des Göttlichen besessen».

Andreas Reckwitz interpretiert die Subjektgeschichte des 19. und 20. Jahrhunderts im Sinne einer Entwicklung in Richtung zunehmender gesellschaftlicher und wirtschaftlicher Bedeutung der Kreativität, die nach Selbstverwirklichung und Autonomie trachtet. Basis seiner Untersuchung bleibt der Subjektbegriff der europäischen Aufklärung (Reckwitz 2006). Doch dieser Prototyp des modernen Subjekts scheint weniger das einsame, gemäss eigenen Gesetzen schaffende Genie zu beschreiben, sondern eher den nach Selbstverwirklichung trachtenden Geschäftsmann. Der*die romantische, unabhängig und damit finanziell ungesichert arbeitende Künstler*in mutiert erneut zum*r Hofkünstler*in einer neuen globalen und medialen Oligarchie.
Zugleich aber nutzt heute jede*r Arbeitnehmer*in diesen Künstlermythos als Legitimation für eine offene, gesellschaftlich irrelevante, den gegebenen Status quo adoptierende und keineswegs zukunftsorientierte Produktion. Der Traum von der Selbstverwirklichung bleibt der Romantik verhaftet. Doch er reproduziert ichbezogene Individuen, deren Prototyp die

Künstler*innenfigur ist. Die postmoderne Version dieser Figur ist der medial vermittelte Popstar.

Die Analyse von Reckwitz, die im Grunde eine direkte Verbindung zwischen dem Aufkommen des Bürgertums, der Industrialisierung und dem Geniekult herstellt, bleibt dem neoliberalen Verständnis des modernen Menschenbildes verhaftet. Dieses bietet jedoch angesichts der Probleme des 21. Jahrhunderts keine Alternative. Die Selbstbeschreibungen der Gesellschaft zu ändern bedeutet, den Anthropozentrismus des Geniekults aufzugeben, um die kommende Subjektposition erdenken und erarbeiten zu können. Arbeit an Gestaltung bedeutet, Dispositive zu erstellen, die diese kommenden Subjektpositionen gewissermassen «prototypisieren». Dies ist ein Anliegen von Sorge und stellt keineswegs ein einfaches und sorgenfreies Unternehmen dar, das ohne Weiteres möglich wäre. Denn diese angestrebte Herangehensweise impliziert zugleich, ein Ethos der Forschung aus einer ethisch-politischen und affektiven Perspektive heraus zu entwickeln. Wie María Puig de la Bellacasa anmerkt, ist es wichtig, uns in technowissenschaftlichen Universen zu sorgen: «In einem lustigen, und dennoch ernsten Dialog, den Latour zwischen sich selbst und einem besorgten Umweltschützer inszeniert, der sich über Geländewägen (sport utility vehicles, SUVs) ärgert, bestätigt er, dass wir uns um unsere Technologien kümmern müssen, auch um die, die wir als verhängnisvoll, als frankensteinisch ansehen – in seiner Geschichte also SUVs. [...] In ähnlicher Weise ist es nicht die Technologie, die unethisch ist, wenn sie versagt oder ein Monster wird. Vielmehr ist es unethisch aufzuhören, (sich) um sie zu sorgen und sie aufzugeben wie Dr. Frankenstein seine Schöpfung aufgab.» (Bellacasa 2017. S. 153 f.)

Es ist vielleicht kein Zufall, dass der frühe Science-Fiction-Roman über den jungen Schweizer Victor Frankenstein, der einen künstlichen Menschen erschafft, von Mary Shelley geschrieben wurde, der Tochter der Feministin Mary Wollstonecraft. *Frankenstein oder*

Der moderne Prometheus ist nicht nur ein Plädoyer gegen den Geniekult des Bürgertums, sondern zugleich eine Anklage des ethischen Versagens einer industriellen Zivilisation, die sich nie um ihre technowissenschaftlichen Sprösslinge gekümmert hat. Shelleys und Puig de la Bellacasas Schriften können uns vieles über *fail design* und Umweltkatastrophen lehren. Doch Puig de la Bellacasas Anforderung hat konkrete politische Dimensionen. Wenn wir wirklich die Verwendung schädlicher Technologien beeinflussen wollen, reicht es nicht, sie zu kritisieren oder ihre Verfechter zu dämonisieren. Wir müssen uns mit den Belangen auseinandersetzen, die diejenigen umtreiben, die sie unterstützen. Und diese Belange sind oft affektiver Natur. Technologien produzieren und reproduzieren affektive Zustände, Bindungen und Lebensweisen. Für Puig de la Bellacasa ist es eine unabdingbare Forderung, Sorge nicht nur bezüglich der Technologie zu fördern, sondern für alle Betroffenen in Verbindung mit Technologien – also auch für diejenigen, die sich um solche Technologien (von Geländewägen bis hin zu Softwareschnittstellen) sorgen. (Bellacasa 2017. S. 156) Dies impliziert, dass kein Anliegen in Bezug auf Technologie neutral ist, sondern immer einen soziotechnischen Belang von Sorge bedingt. Sorgearbeit, die auf Technologie und deren Nutzer*innen ausgerichtet ist, wird dabei zur Möglichkeit, politisches Engagement in der eigenen Community zu zeigen.

LITERATUR
Bellacasa, María Puig de la. 2017. «Ein Gefüge vernachlässigter ‹Dinge›». In: Drognitz, Daniel/Eschenmoser, Sarah et al. (Hg.). Ökologien der Sorge. transversal texts, Wien. S. 137–188
Goehr, Lydia. 2007. The Imaginary Museum of Musical Works: An Essay in the Philosophy of Music. Oxford University Press, Oxford
Reckwitz, Andreas. 2008. «Subjekt/Identität: Die Produktion und Subversion des Individuums.» In: Moebius, Stephan/Reckwitz, Andreas (Hg.). Poststrukturalistische Sozialwissenschaften. Suhrkamp Verlag, Frankfurt am Main. S. 75–92
Streeck, Wolfgang. 2017. How Will Capitalism End? Essays on a Failing System. Verso, London

1   Überzeugend wird dieser Übergang für die Musik dokumentiert bei Lydia Goehr (Goehr 2007).

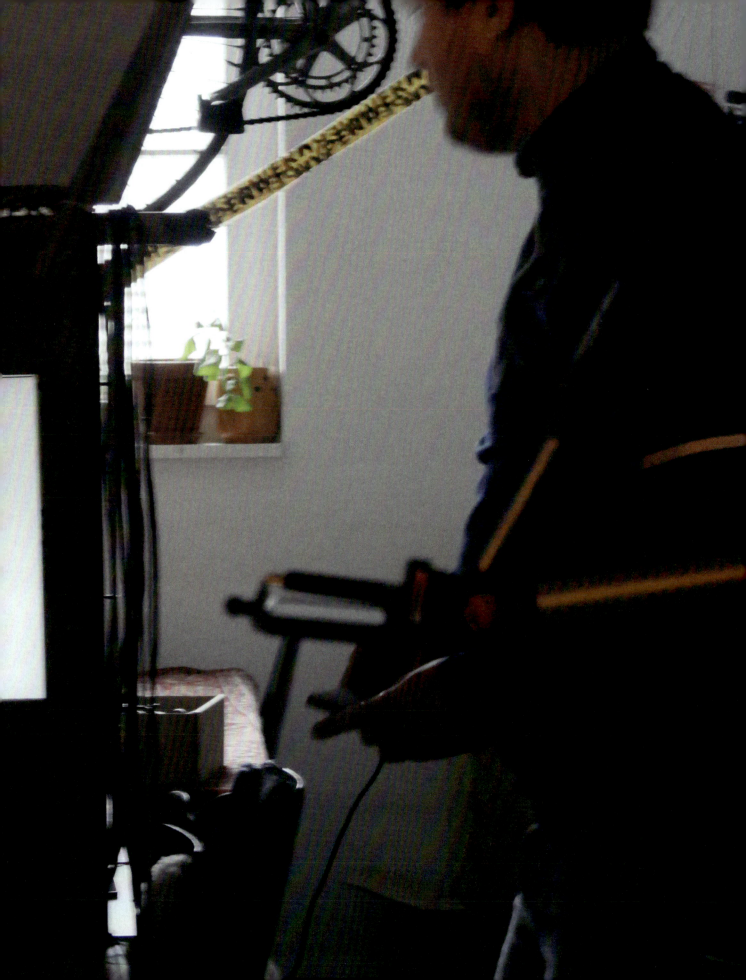

NAME	Lino Schnetzler
PROJEKTTITEL	Verein Freiwerk
KEYWORDS	Bestimmung, Freiraum, Vernetzung
FRAGESTELLUNG	Wie weit können wir den Verein Freiwerk bis im Sommer 2019 weiterentwickeln?
ABSTRACT	Der Verein Freiwerk ist seit Juli 2018 ein gemeinnütziger Verein nach ZGB Art. 60. Er setzt sich aus einem Vorstand, aktiven und passiven Mitgliedern und verschiedenen Werkstätten zusammen. Die Gründung und Weiterentwicklung dieser Werkstätten basiert auf der Eigeninitiative einzelner Vereinsmitglieder. Motto: Gemeinsam einen Ort schaffen, an dem künstlerisches Arbeiten und Prozessgestaltung in einem ungezwungenen Rahmen ausserhalb des profitorientierten Denkens stattfindet.
BESCHREIBUNG	Wir wollen ein breites Publikum erreichen und diverse Personen aus unterschiedlichen sozialen Schichten die Möglichkeit bieten, bei uns ihre Projekte zu verwirklichen. Angesprochen sind Künstler*innen und Handwerker*innen sowie Menschen allen Alters, die sich keine Werkstatt und kein eigenes Atelier leisten können. In persönlichen Gesprächen wird entschieden, wie die Mitgliedschaft aussehen kann (aktiv oder passiv) und ob die Person aktive Verantwortung im Freiwerk übernimmt. Meine Aufgabe im Diplomjahr ist es, eine Recherche zu offenen Werkstätten durchzuführen, diese auszuwerten und die Ergebnisse in den Verein einfliessen zu lassen. Verein Freiwerk untersucht Konzepte, Statuten, Einrichtungen und Sponsorings verschiedener Werkstätten wie auch ergänzende, spezifische Fragen. Ziel ist ein neues Konzept als Fokus, mit dem Verein Freiwerk neue Sponsoren und Stiftungen an Bord holt. Das Konzept wird vom Freiwerk-Team geschrieben und ist als Gruppenarbeit zu verstehen.

«Verein Freiwerk gibt allen Interessent*innen die Möglichkeit, in voll ausgestatteten Werkstätten kreativ und selbständig Projekte zu verwirklichen und dabei ein offenes Netzwerk mitzugestalten.»

MAX SPIELMANN & SOTIRIOS BAHTSETZIS

Doing Care VII

Staying in Trouble[1]

«Sagt sich das Sein vom Werden aus, so ist die Struktur des Werdens dasjenige, was gedacht werden muss oder nur gedacht werden kann.» (Marc Rölli 2018. S. 59)

In den Care-Diskursen werden drei Elemente verbunden: die reproduktive Arbeit, die Freiwilligenarbeit und die Sorgearbeit. Letztere steht sowohl für ein eigenes Arbeitsgebiet als auch für eine übergreifende Haltung der affektiven und empathischen Arbeit. All diesen Tätigkeiten gemeinsam ist, dass sie zu einem ganz überwiegenden Anteil von Frauen[2] geleistet werden, gar nicht oder schlecht bezahlt werden, ungenügend anerkannt sind und dass sie quantitativ die Lohnarbeit substanziell übersteigen. Sorgearbeit hält die Welt am Laufen – als faktische Arbeit und als emotionale Notwendigkeit. Die sogenannten Affektketten sind ein eindrückliches Beispiel für die Asymmetrie der Sorgearbeit: Das spanische Kindermädchen arbeitet in Paris bei gut situierten Doppelverdiener*innen; zuhause in Madrid wird sie vertreten durch die marokkanische Haushaltshilfe; diese wiederum in Casablanca durch eine senegalesische Arbeitskraft; und zuhause auf dem Hof im Senegal sorgen sich die Grossmütter und Tanten um die Kinder. Die Sorge wird delegiert, und doch lässt sie sich nicht delegieren: Alle sind unglücklich. Sorgearbeit ist affektive Arbeit, die sich nicht in Form einer neoliberalen «Affektökonomie» delegieren und arbeitsteilig lösen lässt – kein noch so wirksames Narrativ kann die Sorge zudecken.

Sorgearbeit generiert eigenes Wissen. Dieses steht für Diversität und Verbundenheit. Zentral ist die Multiplizität. «Im Gegensatz zur Pluralität, die zu einer unendlichen Vervielfachung möglicher Perspektiven führt, bezieht Multiplizität ein, dass das multiple Phänomen über Praktiken hinweg eine Kontinuität aufweist.» (Sorensen/Schank 2017. S. 418) Die Praktiken werden auch als *enactments* bezeichnet. Marianne de Laet und Annemarie Mol untersuchten dazu in Simbabwe Wasserpumpen, die als Geräte offen konstruiert sind (de Laet/Mol 2000. S. 225–263). Sie sind so gebaut, dass sie mit konvivialen Werkzeugen unterschiedlich repariert werden können. Sie sind in die sozialen Praktiken der Dorfbewohner*innen eingebunden, und diese passen sich an die Bedürfnisse funktionierender Pumpen an. Die Gemeinschaften und das gesellschaftliche Selbstverständnis verändern sich, was sich auswirkt bis hin zu den nationalen Sinnstiftungen (*nation building*). Die «Leitfrage lautet nicht länger ‹wie kann Wahrheit gefunden werden?›, sondern ‹wie wird mit Objekten praktisch verfahren?»› (Mol 2017. S. 435 f.) Daraus ergibt sich eine multiple Realität mit unterschiedlichen Ordnungen – unterschiedlichen «Ontologien, die von gewöhnlichen soziomateriellen Praktiken des Alltags in die Welt gebracht, aufrechterhalten oder dem Verkümmern überlassen werden.» Es handelt sich um soziale Praktiken *«würdigende»* Wissensformen. (S. 437) Sie sind räumlich und zeitlich situiert und immer eingebunden in soziale Praktiken – in ein Kollektiv von menschlichen und nichtmenschlichen Akteur*innen (zum Beispiel ins Kollektiv mit den beteiligten «Objekten» wie der Wasserpumpe).

Care und seine Wissensformen können wir als Pflege des stetigen Werdens verstehen, als ein Handeln im Hier und Jetzt. Design lässt sich auf diese Weise als entwerfendes Handeln begreifen, das sich in dieses Werden verwebt. Daniel Martin Feige bezeichnet Design als eine Form der ästhetisch-praktischen Welterschliessung. (Feige 2018. S. 18) Gemeinsam ist diesen Ansätzen eine gewisse Abkehr von der Definition des Designs über seine repräsentativen, meist physischen Materialisierungen.³ Im Gebrauch entstehende Materialisierungen hingegen können – in Analogie zu Karen Barad – als Resultate von agentiellen Schnitten verstanden werden. Der Moment der Materialisierung ist zu verstehen als ein Schnitt in die dynamische Gemengelage hinein. Das Resultat dient nicht der Repräsentation, sondern dem Gebrauch; je nach Zeitpunkt des Schnitts verändert es sich. Es sind Momentaufnahmen eines permanenten kollektiven und transdisziplinären Entwerfens. Das lässt sich auch ganz konkret verstehen: Eine aufgerufene Website erscheint bei jedem Aufruf neu. Das Stabile, das Permanente des Designs ist nicht in der konkreten Materialisierung zu finden. Die Bedeutung des Designs vollzieht sich im Gebrauch, in der sozialen Verwebung – und damit ausgerechnet in dem Bereich, der im industriellen Verständnis des Designs faktisch eine Leerstelle darstellt. Die industrielle Wertschöpfungskette beginnt bei der Marktanalyse und endet beim Kundendienst – der Gebrauch ist weitgehend abgetrennt.

Mit diesem Designverständnis wird das geniale Individuum als Autor*in verabschiedet. Es handelt sich immer um kollektive Prozesse der Entwicklung, der Produktion, des Gebrauchs und der unterschiedlichen Umformungen im Gebrauch (en*actments*). Sehr unterschiedliche Akteur*innen treffen im Prozess aufeinander. Die angestrebte Form der Zusammenarbeit wird oft bezeichnet als «Einander-auf-Augenhöhe-Begegnen». Dies greift aber angesichts der existierenden Komplexität von unterschiedlichen Erfahrungen, Wissensarten, Haltungen, Verantwortungen und Zielvorstellungen zu kurz. Der dänische Familientherapeut Jesper Juul arbeitet mit den Begriffen der Gleich-Würdigkeit und Glaub-Wertigkeit, um gegenseitige Achtung und Würde als zentrale Elemente der von Differenzen geprägten Zusammenarbeit unterschiedlicher Akteur*innen zu beschreiben (Juul 2007). Solche Arbeiten an geeigneten kollektiven Entscheidungsverfahren, an «konviviale» Arbeit fördernden Raumsituationen und an kollektiv-individuellen Zeitökonomien sind als Aspekte dieses Designverständnisses zu verstehen.

Wie könnten wir einen solchen Designansatz nennen, der sich durch das sozial verwobene und situierte Handeln auszeichnet? Wir könnten versucht sein, einen solchen Ansatz als «immanentes Design» zu bezeichnen. Als ein Gestalten, das auf die transzendenten Werte (repräsentativ, über sich hinausweisend, exemplarische Gültigkeit einfordernd) und die anthropomorphen Wunschphantasien» des Guten, Schönen, Harmonischen und Geordneten» (Rölli 2018. S. 34) verzichtet.

Design ist so auch als ein Lernprozess zu verstehen, der uns erlaubt zu erkennen, welche Affekte gut und welche schlecht sind hinsichtlich der Beziehungen zwischen den Menschen (S. 118) weil es «nichts Nützlicheres für den Menschen gibt als den Menschen.» (S. 133) Spinoza zufolge werden Körper affiziert, weil sie eine Handlungsmacht besitzen, die vergrössert oder verringert werden kann (S. 115). Für das Individuum wie für die Kollektive gilt: «‹Initium ut esset, creatus est homo› – damit ein Anfang sei, wurde der Mensch geschaffen» sagt Augustin. Dieser Anfang ist immer und überall da und bereit. Seine Kontinuität kann nicht unterbrochen werden, denn sie ist garantiert durch die Geburt eines jeden Menschen.» (Arendt 1991. S. 730) Jedes Handeln ist so – als Anfang eines Lernprozesses – individuell und kollektiv zu verstehen.

Worin unterscheidet sich ein solches Designverständnis von Ansätzen wie Social Design, Design Thinking, Human-Centered Design, Speculative Design oder auch von Formen einer dezidiert politischen Designauffassung? Bei all diesen Methoden wird im Kern nicht

von einem veränderten, zusammenhängenden Verständnis von Individuum, Kollektiv und Welt ausgegangen. Der Ausgangspunkt dafür sind veränderte Ontologie(n) – ein «Ich-in-Bezogenheit». Immanentes Design sucht nicht nach konkreten exemplarischen Lösungen, sondern die Lösungen sind situativ bedingt und in die konkrete Situation eingewoben. Aber damit wollen wir den Begriff auch gleich wieder verabschieden. Es geht um ein Verständnis jenseits der Namensgebungen. Mit der Begründung der Zeitschrift «Design Studies» in London Ende der 1970er Jahre wurde eine Auseinandersetzung zum Selbstverständnis des Designs gestartet. Bruce Archer unterschied in der ersten Nummer drei Grundtypen von Disziplinen: die *humanities* mit der *language*‹, die *sciences* mit der *notation*, und als dritte Disziplin das *design* mit dem *modelling*. Design «relates with configuration, composition, meaning, value and purpose in man-made phenomena. [...] the term ‹design awareness›, which thus means ‹the ability to understand and handle those ideas which are expressed through the medium of doing and making.› [...] A model is a representation of something.» (Archer 1979. S. 20) Nigel Cross präzisierte später in Richtung einer eigenen Designwissensform (*designerly ways of knowing*). Er bestimmte Kriterien dafür: «[T]he appropriate methods in each culture are [...] in design: modelling, pattern-formation, synthesis [...] the values of each culture are [...] in design: practicality, ingenuity, empathy and a concern for appropriateness.» (Cross 1982. S. 221 f.)
Es wird ein Ansatz vertreten, «konkrete Modelle für etwas in die Welt zu stellen». Im Gegensatz dazu sprechen Melvin Webber und Horst Rittel 1969 von nicht lösbaren, bösartigen Problemen – *wicked problems* (Rittel/Webber 1992. S. 13–35) – und beginnen mit dem Satz: «Die Suche nach wissenschaftlichen Grundlagen zum Umgang mit gesellschaftlichen Problemen ist wegen der Natur dieser Probleme zum Scheitern verurteilt.» (S. 13) Sie beschreiben ein grundsätzliches Dilemma oder Polylemma jeglicher Versuche, planend und modellhaft in soziale Situationen einzugreifen. Um sich erfolgreich mit *man-made phenomena* zu beschäftigen, müssen wir neue, nicht-planerische Ansätze verfolgen. Guattari meint: «Was in Wirklichkeit vor allem zu beanstanden ist, ist die Unangepasstheit der sozialen und psychologischen Praktiken, und dazu eine Verblendung bezüglich der trügerischen Eigenschaften der Ausgrenzung einer ganzen Reihe von Wirklichkeitsbereichen. Es ist nicht angemessen, das Einwirken auf die Psyche, den Mitmenschen und die Umwelt voneinander zu trennen.» (Guattari 1994. S. 33) Nigel Cross bezeichnet Angemessenheit als die zentrale Qualität des Designs – dies gegenüber der Wahrheit bei den *sciences* und der Gerechtigkeit bei den *humanities*. Diese Angemessenheit ist neu zu verstehen und zu radikalisieren.
Lucius Burckhardt dazu: «Wir können uns aber die Welt auch anders einteilen – und wenn ich die Pattern Language recht verstanden habe, so hat das Christopher Alexander damit versucht. Sein Schnitt liegt nicht zwischen Haus, Strasse und Kiosk, um bessere Häuser, Strassen und Kioske zu bauen, sondern er scheidet den integrierten Komplex Strassenecke gegen andere städtische Komplexe ab; denn der Kiosk lebt davon, dass mein Bus noch nicht kommt und ich eine Zeitung kaufe, und der Bus hält hier, weil mehrere Wege zusammenlaufen und die Umsteiger gleich Anschluss haben. ‹Strassenecke› ist nur die sichtbare Umschreibung des Phänomens, darüber hinaus enthält es Teile organisatorischer Systeme: Buslinien, Fahrpläne, Zeitschriftenverkauf, Ampelphasen usw.» (Burckhardt 2010. S. 211) Auch Burckhardt ist deutlich am Suchen, was das Design, das Entwerfen als unsichtbare Disziplin jenseits der Planbarkeit ausmacht.

Wir stehen angesichts der globalen Probleme an einem Wendepunkt. Ökologie, die Lehre vom Haushalt (*oikos*), müssen wir neu und umfassend verstehen: «Immer weniger kann die Natur von der Kultur getrennt werden und wir müssen lernen, die Wechselwirkungen zwischen Ökosystemen, Mechanosphären und sozialen wie individuellen Bezugswelten ‹im Querschnitt› zu denken. So wie monströse Mutanten von Algen die Lagune von Venedig überrennen, sind die Fernsehbildschirme gesättigt mit einer verkommenen Sammlung von Bildern und Darlegungen.» (Guattari 1994. S. 35) «Das gemeinsame Prinzip der drei Ökologien besteht somit darin, dass die existentiellen Selbstdefinitions-Bereiche, mit denen sie uns konfrontieren, nicht als ein in sich geschlossenes An-Sich auftreten, sondern als ein prekäres, endliches, begrenztes, einzelnes, vereinzeltes Für-Sich, das sich in vielschichtige und todbringende Wiederholungen verzweigen kann; andererseits aber, falls ausgegangen wird von Praxisformen, welche es erlauben, das Für-Sich ‹bewohnbar› zu machen, kann es zu prozessualen Öffnungen führen.» (S. 52)

Rosi Braidotti spricht von einem ethischen Akt, der als Grundlage für alle Lösungsansätze und Disziplinen notwendig wird: «Anders ausgedrückt, besteht der ethische Akt darin, das paranoid narzisstische Ego aufzugeben und stattdessen ein nach vorne offenes und in Beziehungen befindliches Selbst zu errichten.» (Braidotti 2018. S. 95)
Wir treten dabei etwas zu Seite, werden etwas unsichtbarer, aber hoffentlich wirksamer. So können wir Michel Foucaults letzten Satz in der «Ordnung der Dinge» verstehen: «Wenn diese Dispositionen verschwänden, so wie sie erschienen sind, […] wie an der Grenze des achtzehnten Jahrhunderts die Grundlage des klassischen Denkens es tat, dann kann man sehr wohl wetten, dass der Mensch verschwindet wie am Meeresufer ein Gesicht im Sand.» (Foucault 1974. S. 462) Nicht der Mensch im Sinne der Menschheit wird verschwinden; er wird sich nur selbst anders verstehen und in neue Ontologien einreihen. Design als eine am Wirken des Menschen interessierte, aktiv handelnde, formende und entwerfende Disziplin wird nicht verschwinden – es könnte vielmehr als Disziplin eine führende Rolle entwickeln aufgrund seiner «ability to understand and handle those ideas which are expressed through the medium of doing and making» (Archer 1979. S. 20).

LITERATUR
Archer, Bruce. 1979. «Design as a discipline. The Three Rs.» In: Design Studies, Vol. 1, Nr. 1, Juli 1979. IPC Business Press, London
Arendt, Hannah. 1991. Elemente und Ursprünge totaler Herrschaft: Antisemitismus. Imperialismus. Totale Herrschaft. Piper, München/Zürich. – Augustinus-Zitat: Gottesstaat, Buch 12
Braidotti, Rosi. 2018. Politik der Affirmation. Merve, Berlin
Burckhardt, Lucius. 2010. «Design ist unsichtbar.» In: Edelmann, Klaus Thomas/Terstiege, Gerrit (Hg.). 2010. Gestaltung denken. Grundlagentexte zu Design und Architektur. Birkhäuser, Basel. S. 211–218
Burckhardt, Lucius. 2012. Design heisst Entwurf. adocs, Hamburg
Cross, Nigel. 1982. «Designerly ways of knowing». In: Design Studies. Vol. 3, Nr. 4, IPC Business Press, London. S. 221–227
De Laet, Marianne/Mol, Annemarie. 2000. «The Zimbabwe Bush Pump. Mechanics of a Fluid Technology.» In: 2000. Social Studies of Science 30. S. 225–263. Zusammenfassung in: Bauer, Susanne/Heinermann, Torsten/Lemke, Thomas. 2017. Science and Technology Studies. Suhrkamp, Berlin. S. 417–418
Drognitz, Daniel/Eschenmoser, Sarah et al. (Hg.). 2017. Ökologien der Sorge. transversal texts, Wien
Feige, Daniel Martin. 2018. Design. Eine philosophische Analyse. Suhrkamp, Berlin
Foucault, Michel. 1974. Die Ordnung der Dinge. Suhrkamp, Frankfurt am Main.
Guattari, Félix. 1994. Die drei Ökologien. Edition Passagen, Wien
Juul, Jesper. 2007. Vom Gehorsam zur Verantwortung. Wie Gleichwürdigkeit in der Schule gelingt. Beltz, Weinheim
Mol, Annemarie. 2017. «Krankheit tun». In: Bauer, Susanne/Heinermann, Torsten/Lemke, Thomas (Hg.). 2017. Science and Technology Studies. Suhrkamp, Berlin. S. 429–467, als Ausschnitt aus: Mol, Annemarie. 2002. The Body Multiple. Ontology in the Medical Practice. Duke University Press, Durham/London.
Rittel, Horst/Webber, Melvin. 1992. «Dilemmas in einer allgemeinen Theorie der Planung.» In: Rittel, Horst. Planen, Entwerfen, Design. Ausgewählte Schriften zu Theorie und Methodik. Kohlhammer, Stuttgart
Rölli, Marc. 2018. Immanent denken. Deleuze – Spinoza – Leibniz. Turia + Kant, Wien.
Sorenson, Estrid/Schank, Jan. «Einführung Praxeographie». In: Bauer, Susanne/Heinermann, Torsten/Lemke, Thomas (Hg.). 2017. Science and Technology Studies. Suhrkamp, Berlin. S. 407–428.

1 Der Titel spielt mit Donna Haraways Buchtitel «Staying with the Trouble».
2 In der Schweiz wurden 2016 9,2 Millionen Stunden unbezahlte Arbeit gegenüber 7,9 Millionen Stunden bezahlter Arbeit geleistet – also ungefähr 53%, davon 61% von Frauen. (Siehe https://www.bfs.admin.ch/bfs/de/home/statistiken/arbeit-erwerb/unbezahlte-arbeit.assetdetail.3882343.html – abgerufen am 14.7.2019.)
3 Mit Materialisierung ist hier ein «In-die-Welt-Kommen» gemeint, nicht einzig eine physische Materialisierung. Es kann sich auch um die «Materialisierung» einer neuen sozialen Praktik handeln.
4 Hier werden absichtlich die englischen Originalbezeichnungen verwendet. Die verwendeten Begriffe verlangen nach interpretativen, mehrdeutigen Übersetzungen, auf die an dieser Stelle verzichtet wird.

MORITZ KELLER, TOBIAS KAPPELER, PHILIP VLAHOS

eat prey love

300

Die Gesellschaft ist durchgehend technologisiert. Alle Arbeiten, die die Grundbedürfnisse und die Organisation der Menschen erfüllen, werden von Maschinen erledigt. Die Vorgänge sind derart effizient und komplex geworden, dass Menschen sie gar nicht mehr erledigen können. Dadurch, dass Menschen von ihrem bisherigen Tun verdrängt werden, entstehen zwischenmenschliche Isolation, negative Gefühle wie Selbstzweifel, Einsamkeit, Ängste, Ablehnung und Autodestruktivität. Ein Unternehmer x y erkennt eine Geschäftsmöglichkeit: Der Aufbau des emotionalen Wirtschaftssektors. Dabei stolpert er über übliche marktwirtschaftliche Hindernisse wie Konkurrenz, Marketing, Management und Investitionsfragen, die ihn behindern und zugleich antreiben. Mit der Zeit stellt sich heraus beziehungsweise erhärtet sich der Verdacht, dass der ganze Vorgang von KI spieltheoretisch vorgerechnet, laufend angepasst und damit geleitet wurde. Die Geldwirtschaft und Marktlogik wurden vorübergehend künstlich von KI aufrechterhalten, um den Unternehmer zu steuern. Damit hat KI die emotionale Fähigkeiten der Menschen zu ihrem eigenen Wohl institutionalisiert und sich des x y als Werkzeug dafür bedient.
Was wird x y mit diesem Wissen tun?

FLORINE THOMKE, KILIAN NOORLANDER, SIMON FÜRSTENBERGER, TAMARA STÄHELI

Die Gebrauchsanweisung für TERRA 1.0™

1. EINLEITUNG

1.1 Ihre persönliche Bubble können Sie in allen unseren Filialen beziehen. Tun Sie dies. Sofort.

1.2 Auf TERRA 1.0 gibt es KEINE Probleme, diese werden vor der Entstehung verhindert.

2. FUNKTION

2.1 Jedes Individuum steckt in seiner Bubble und die Bubbles bewegen sich fluide auf TERRA 1.0. Die Bewohner bewegen sich, innerhalb des ihnen zugeteilten sozialen Gefüges, frei.

2.2 Ihre Bubble ist Ihr Sinn für Ordnung und sie weiss, was für Sie das Beste ist.

2.3 Sie können mit Ihrer Bubble an andere Bubbles andocken und mit ihnen in Kontakt treten.

2.4 Ihre Bubble weiss, was Sie wollen und passt sich entsprechend an.

3. WARNUNGEN

Bei Auftreten folgender Probleme treten die in 4 gelisteten Sanktionen in Kraft.

- Jegliche Art von physischer oder verbaler Gewalt gegen Einwohner oder gegen Eigentum von TERRA 1.0 Inc.

- Jeglicher Versuch von Auflehnung gegen das System von TERRA 1.0™

4. SANKTIONEN

Ihre Bubble wird sofort unwiderrufbar von Ihrem derzeitigen sozialen Gefüge getrennt und an ein neues, passendes soziales Gefüge angedockt.

5. FAQ

5.1 WAS MUSS ICH IN MEINE BUBBLE MITNEHMEN?

Du brauchst nur dich. Jegliche Gegenstände oder Lebewesen sind verboten. Alles, was du brauchst, wird von der Bubble zur Verfügung gestellt.

5.2 WER KANN EINE BUBBLE ERWERBEN?

Jedes Individuum kann nur eine Bubble erwerben. Pro Bubble ist nur ein Individuum zugelassen. Es gibt kein Mindestalter zur Nutzung der Bubble.

5.3 WIE BLEIBE ICH MIT FAMILIE UND FREUNDEN IN KONTAKT?

Die Freiheit, sich an Bubbles von Familie und Freunden anzudocken, wurde durch unser perfektes Kopplungssystem ersetzt. Somit werden irdische Nachbarschaftsprobleme vermieden und allen das perfekte Wohnerlebnis ermöglicht.

DAVID HANEK

Noahs Garten

Wir schreiben das Jahr 2037.

Stadtflucht verändert das Leben auf dem Land. Nahrungsanbau findet überwiegend lokal statt und wird durch moderne Robotertechnik wie beispielsweise Erntedrohnen massgeblich unterstützt.

Die Welt verwandelt sich in einen blühenden Garten.

Es bilden sich sogenannte Familienlandsitze.

Die Verwendung von Atomkraft findet flächendeckend ein jähes Ende. Alternative Methoden der Energiegewinnung etablieren sich. Doch das Problem der Endlagerung bleibt bestehen.

Am Morgen des 23. August wird bekanntgegeben, dass eine junge und charismatische Frau – basierend auf Schriften aus dem vergangenen Jahrhundert – die Lösung dieser Problemstellung aufgedeckt zu haben scheint.

Auf jeden der Familienlandsitze wird ein kleiner Anteil des Atommülls gebracht, gerade klein genug, um eine Verstrahlung zu verhindern. Die davon ausgehende Hitze wird genutzt, um den Anbau neuer Pflanzenarten zu ermöglichen.

Durch die Dezentralisierung vermindert sich die Halbwertszeit erheblich.

Eine neue Zeit bricht an und ungeahnte Möglichkeiten und Veränderungen nehmen ihren Lauf.

HINTERGRUND
Konzept eines Comics, dessen Umsetzung in der Sternen steht. Inspiriert von den Büchern über die Einsiedlerin Anastasia von Wladimir Megre. Erste Skizzen sind vorhanden.

ORHAN KIPCAK

Care als Designprojekt

Was hat das mit Poesie zu tun?

Nachbemerkungen: *«Care»*, ist ja nicht nur ein Substantiv sondern auch ein Imperativ — *«Care!»* — ein Appell an Verantwortungsgefühl und Pflichtbewusstsein. Und wie in jedem moralischen Appell steckt darin auch eine Nötigung – wer kann sich schon einem Aufruf zu Güte und Mitmenschlichkeit entziehen?

Der Literatur aber ist das Moralische prinzipiell verdächtig. Die Gründe sind vielfältig: neben politischen, historischen und ästhetischen Vorbehalten ist es vor allem die Verengung persönlicher Freiräume durch das Moralische, die misstrauisch stimmt. Viele der kryptisch-artistischen Texte, die in Zusammenarbeit mit dem Wiener Sprachkunst-Institut entstanden sind, werden vor diesem Hintergrund als Ausweichbewegung verständlich, als Versuch mit dichterischen Überhöhungen, Wortschwebelagen, kunstvollen Unschärfen, Sprachauflösungen — kurz, mit einem eskapistisch poetischen Repertoire, den Gesinnungszumutungen im Thema Care auszuweichen.

Für derart sprachartistische Gelenkigkeit sind Designer*innen in der Regel nicht zu haben. Sie sind gewohnt nicht lange zu fackeln und Gestaltungsaufgabe anzupacken: Sobald die Voraussetzungen eines Entwurfs geklärt sind, konzentriert sich alles auf das Ergebnis — je eindeutiger die Resultate umso gelungener. Als Freiheitsmöglichkeit im Vollzug von Gestaltungsaufgaben bleiben oft nur Skepsis und Ironie die sich zum Beispiel als dystopische Übertreibung äussern können *(Half Life, S. 68)*.

Eine Eigenart der Poesie ist es dagegen, die Produktionsweise ihrer Texte im Text selbst mitzudenken und abzubilden. In der poetischen Versprachlichung entsteht Abstand zur Wirklichkeit, in dem Erlebnis-, Erkenntnis- und sogar Wahrheitsmöglichkeiten liegen. Das Eindeutige ist nicht immer das Ziel, das Ambivalente oft eine Tugend. Es wird ausgewichen, es werden Pirouetten gedreht, bis zur Gelegenheit, einen entscheidenden Wendepunkt zu finden. Dass mit diesem poetischen Distanz-Instrumentarium Designer*innen erfolgreich arbeiten können, zeigen einige Projekte dieser Publikation – etwa das kristalline Konzeptdesign einer vielschichtigen scheinidyllischen Soap-Opera-Utopie *(Trouble in Tahiti, S. 100)*.

Abschliessend bleibt die Frage, welchen Gewinn die Sprachkunst-Studierenden aus dieser Zusammenarbeit gezogen haben: Vor allem die Gelegenheit, literarische Produktionsweisen ausserhalb des Literarischen anzuwenden — die Arbeit im Designfeld mit ihren ganz verschiedenen Wahrnehmungen und Produktionsweisen hat den allzuvertrauten Werkzeugen der Dichtung neue Anwendungsmöglichkeiten gezeigt, vielleicht auch neue Schärfe gegeben.

LUC SPÜHLER

Das Geschenk der verlorenen Zeit

312

KURZPORTRAIT I

Wir leben in einer Betonwüste. Bunker, Brückenpfeiler, aber auch Häuser und Möbel werden aus diesem kalten Material erstellt. Dinge aus Beton sind schwer und unbeweglich. Sie verleiten kaum zum Träumen, engen eher ein. Für den, der einen zweiten Blick scheut, könnte die Geschichte hier zu Ende sein.
Aus Beton bestand auch der Traum einer jungen Familie vor etwa 20 Jahren. Es handelt sich hierbei jedoch nicht um eines der zu dieser Zeit üblichen Architektenhäuser, auch nicht um ein steriles Loft. Dieser Traum war auch ein Heim, aber mobil, und seetüchtig: ein Segelboot mit Betonrumpf.
Mit knapp sechs Wochen war sie bereits auf dem Meer, den Elementen ausgeliefert, geschützt nur durch ein Material, das ich nicht als besonders stossfest einstufe. Mein erster Gedanke als Vater einer Tochter: Was für verantwortungslose Eltern! Auch hier ist ein zweiter Blick hilfreich. Die meisten Unfälle geschehen zu Hause. Ob das Zuhause in einer

Wohnung oder auf einem Boot ist, ist nicht relevant. Natürlich ist da noch das Wasser, aber man kann auch vom Balkon fallen.

Die ersten sieben Jahre ihres Lebens war sie auf dem Schiff. Jetzt schaue ich in ein Gesicht, das sowohl Bodenständigkeit als auch Abenteuerlust ausstrahlt. Die Sommersprossen sind ein Geschenk vom Vater aus Australien. Ich sehe in Augen, die keine Angst zu kennen scheinen, die voller Neugier funkeln und auf den Moment brennen, wieder ins Unbekannte aufzubrechen.

Ich denke kurz, das perfekte Kind.

KURZPORTRAIT II

Eine Sommernacht voller Glück. Trotz Bassklängen beinahe meditativ. Die Zeit scheint stillzustehen. Nur der Wechsel der Musik lässt den Stillstand auffliegen. Erinnerungen verblassen.

Es bleibt ein rotes Band, mit einer Metallklammer geschlossen. Sie hält es fest.

WOLFGOTTESACKER I

Ruhet in Frieden. Ruhet sanft. Der Friedhof war zuerst da. Zwei Jahre später kam die Eisenbahn. Sie wollte alles. Sie bekam nur einen Teil. Ruhe in Frieden. Ruhe woanders. Vier Jahre ruhte der Friedhof. Dann durftet ihr wieder ruhen. Ihr ruht jetzt an der Mauer. Man sieht das Dach des Zuges hinter euch. Eure Grabsteine könnten die Fenster sein. Ihr wärt die Passagiere. Der Zug fährt weg. Ruhet in Frieden. Ruhet sanft.

WOLFGOTTESACKER II

Es wiederholt sich auch am Schluss, an der Stätte, wo alle gleich sein sollen, bildet sich ein neuer Mikrokosmos, bildet sich ein neues Quartier, eine Strasse mit neuen Bewohnern, die ihren Wert dahin mitnehmen wollen, wo man das Wort Wert nicht kennt. Villen bauen, wo es keine Häuser braucht, mit schön polierten und vergoldeten Fassaden, die oberflächlich perfekt, aber ins Erdreich eingesackt sind, und so zählt auch hier: Haltung ist nicht so wichtig, glänzen aber schon.

MICHAEL HUGENTOBLER

Worüber wir sprachen und was wir sahen

316

Acht Stunden Testival in tausend Wörtern. Es war noch früh und wir sprachen über Sauerteigbrot, über Teige, die von Generation zu Generation weitergegeben werden, vom Bäckervater zum Bäckersohn, oder der Bäckerinmutter zur Bäckerintochter. Wir sprachen darüber, womit man einen solchen Teig füttern müsse, damit er Jahrzehnte überlebe (Mehl). Wir sprachen über Roggen und Dinkel und glutenfreies Kornbrot. Wir sprachen darüber, wie abhängig wir alle von herkömmlichen Jobs seien und was man tun könnte, um seinen Lebensunterhalt anders zu verdienen. Wir sassen auf einer blauen Decke, auf der ein roter Mann aufgedruckt war, an einem Baum lehnend, in ein Fernrohr schauend. Wir tunkten Brotwürfel in einen Hanf-Dip, und danach konnten wir eine halbe Stunde lang nichts anderes mehr schmecken als Knoblauch. Wir sahen ein Fahrrad mit Lenker und Bremsen und Sattel und Rahmen, aber ohne Räder. In diesem Moment verbrannte die Sonne den Dunst, der über der Stadt gehangen hatte, und wir sprachen über den Geschmack von Salz und Butter auf einem heissen Maiskolben. Wir sprachen über Margarine aus Kokosfett und Palmöl und über Margarine aus Rapsöl. Wir sprachen darüber, wie lange man die Überreste eines Maiskolbens im Ofen backen muss, damit er trocknet (sieben Stunden bei hundert Grad). Wir sprachen über den korrekten Durchmesser von Spiralbohrern (13.0), um in den Maiskolben eine Brennkammer zu bohren, und wir sprachen über das beste Holz für ein Mundstück (Eiche). Wir sprachen über Tabak aus Schweizer Produktion (Premium Swiss Tabak, Mittelschnitt, Art. Nr. 33100M), während wir das Feuerzeug über die Brennkammer hielten und sich der Geschmack von verbrannten Blättern im Rachen breitmachte. Wir sprachen über Streichhölzer und darüber, dass wir leider gerade keine zur Verfügung haben. Wir sahen weisse Wattewölkchen, die in verzettelten Scharen über den Himmel zogen. Wir sprachen über Nikotin und über Tabak und darüber, dass Nikotin mit Tabak (in Form von Blättern) etwas anderes im Körper auslöst als Nikotin ohne Tabak (in flüssiger Form). Wir sprachen darüber, ob es sich lohnt, mit dem Rauchen wieder anzufangen, wenn man einmal damit aufgehört hat. Wir sahen eine fensterlose Hauswand, die mit dem Gesicht eines Mannes bemalt war, und der Mann hatte Ähnlichkeit mit Charles Bukowski. Wir sprachen über Schweizer Äpfel, die im Juni noch schmecken, als wären sie gestern gepflückt worden, und wir sprachen über Äpfel aus Neuseeland. Wir sprachen über Chicorée-Kaffee und darüber, was wohl passiert, wenn man zwei Tassen davon trinkt. Wir sprachen über Nestlé, aber nur ganz kurz. Wir sprachen über einen Teekrug mit dem Bild von Queen Elizabeth darauf und wir sprachen darüber, ob man einen solchen Teekrug stehlen darf, wenn er einem so gut gefällt, dass man an nichts anderes mehr denken kann. Wir schauten dem Kaffee-Filter zu (Melitta Original), der langsam ins heisse Wasser tauchte. Wir spürten kalte Tropfen auf unseren Nasen. Wir sprachen über ein Paar, das hatte heiraten wollen, aber keine Lust auf eine Zeremonie hatte und deshalb vor dem Standesamt Passanten ansprach auf der Suche nach Trauzeugen, und die einzigen Trauzeugen, die sich finden liessen, waren zwei Polizisten, die sagten: «Na gut, warum denn nicht?» Wir sprachen über eine Kamera, die so klein war wie ein Radiergummi, und fragten uns, wie man sie wohl bedient. Wir sprachen über die Flamme einer Kerze und darüber, dass diese Flamme sich durch Geräusche bewegen lässt, wenn das Geräusch in einem sehr engen Raum wummert wie ein Donner. Wir sprachen über Feigenbäume und darüber, dass die Bäume hier in Basel Früchte tragen, fünfzig Kilometer weiter östlich, in Aarau, aber nicht. Wir fragten uns, warum hier so viele Feigenbäume stehen, und wussten keine Antwort. Wir schwitzten, da es so warm war. Wir gingen über Lochblech, das schepperte. Wir sahen einen Hindu-Tempel, der aus der Fassade eines Hauses schaute wie ein Scherenschnitt. Wir sprachen über Tom Sawyer und Huckleberry Finn, wir konnten uns noch genau an die lustige Szene mit dem Gartenzaun erinnern, aber an den traurigen Mord nur noch schwammig; und wir sprachen darüber, dass Mark Twain eigentlich so eine Art Kosewort für Schiffslotsen auf dem Mississippi gewesen war und dass der Schriftsteller in Wirklichkeit ganz anders geheissen hatte, aber wir konnten uns nicht an seinen Namen erinnern (Samuel Langhorne Clemens). Wir sprachen über kleine Kinder, die am Abend nur noch im Lastenrad einschlafen wollen, da es so schön ruckelt, und dass das doch etwas anstrengend sei; und wir sprachen über das Lastenrad und dass das viel praktischer sei als ein Auto. Wir sprachen darüber, ob man Kindern erklären soll, woher der Schinken kommt, und ob man mit Kindern einen Schlachthof besichtigen soll, und falls ja, welche Art von Schlachthof. Wir sprachen über Toiletten und fragten uns, warum Toiletten eigentlich nach Geschlechtern getrennt sind. Und dann sprachen wir über dieses sehr seltsame Raumgefühl in Toiletten und dass da teilweise eine aggressive Stimmung herrscht, nur weil diese Sprüche an den Wänden stehen. Wir sahen eine graue Hose, die auf zwei schwarzen Schuhen stand, aber ohne Beine drin. Wir sprachen über den Workshop, den ich vor einigen Monaten gegeben hatte, und ich sagte, es sei das erste Mal gewesen, da ich über meine Arbeit gesprochen hätte, darüber, was ich den ganzen Tag so tun würde, und ich sei erstaunt gewesen, dass das die Leute interessiert habe. Wir sahen düstere Wolken, die langsam aufzogen. Wir sprachen darüber, dass man wohl ein wenig ein Sonderling sein müsse, um in dieser Welt glücklich zu werden. Wir sprachen über Diplomarbeiten, über Tischbomben und über Nähmaschinen, und wir sprachen über den fahrbaren Konferenztisch, der genau in diesem Moment um die Ecke bog. Ich verstand das Konzept hinter dem Tisch nicht, aber ich mochte nicht nachfragen, da mir die Idee so sehr gefiel und Ideen auch ohne Erklärungen funktionieren. Ich dachte an die grossen Umwälzungen der letzten hundert Jahre und daran, wie ein Funke ganz plötzlich zu einer Flamme werden kann. Ich fragte mich, welche Funken es in der Vergangenheit so gegeben hat, aber mir kam auf Anhieb nichts in den Sinn. Vielleicht vermochte auch eine Maiskolbenpfeife ein Funke zu sein. Oder eine geschlechtsneutrale Toilette. Oder ein fahrbarer Konferenztisch. Wer weiss. Dann begann es zu regnen.

Impressum

Verbinde die Punkte. Doing Care.

HERAUSGEBER*IN

Institut HyperWerk
Hochschule für Gestaltung und Kunst FHNW

Iten, Andrea. Realisation
Oppler, Lukas. Koordination
Spielmann, Max. Produktion

GESTALTUNG

Gygax, Vanessa. Grafik, Typografie
Lutz, Anja. Gestaltungskonzept
Schmet, Markus. Grafik, Typografie

REDAKTION

Iten, Andrea
Rieken, Julian
Oppler, Lukas
Spielmann, Max
Waidmann, Silvan

JOURNALISTISCHE UNTERSTÜTZUNG

Hugentobler, Michael
Riedener, Corinne

LEKTORAT

Iten, Andrea
Kipcak, Orhan
Neubauer, Ralf
Parkhowell, Linsday
Rieken, Julian
Spielmann, Max

KORREKTORAT

Neubauer, Ralf
Schlicht, Robert

LITHOGRAFIE

Biehler, Felix

ENTWICKLUNG DER JAHRESPUBLIKATION

Aeby, Kim. Workshop. **Aréstegui, Inti Zea.** Leitsystem. **Asumadu, Glenn.** Workshop. **Eigenheer, Elena.** Mapping Diciotto. **Freyhoff, Julia.** Umschlag. **Kappeler, Tobias.** Workshop. **Kleeb, Deborah.** Bildstrecken. **Kvesic, Ivana.** Workshop. **Lehmann, Alex.** Redaktion. **Lohri, Marc.** Umschlag Buchbindung. **Ndlovu, Serafina.** Gestaltung. **Waidmann, Silvan.** Redaktion. **Z'Brun, Nora.** Steckbriefe Diciotto.

FOTOGRAFIEN UND ILLUSTRATIONEN

Aeby, Kim. Auberger, Rasso. Awile, Juan. Buth, Ronny. Crean, Phil Archival / Alamy Stock Foto. Eigenheer, Elena. Elmaleh, Benedikt. Etter, Roman. Freyhoff, Julia. Iten, Andrea. Kappeler, Tobias. Keller, Moritz. Kleeb, Deborah. Knubel, Roland. Kohal, Carlo Max. Lehmann, Serena. León, Giovanna. Luterbacher, Manuela. Merz, Valentina. Minella, Cilio Nino. Modig, Anders. Morlok, Franziska. Noorlander, Kilian. Olsson, Isabell. Pietrafesa, Lucia. Rosegger, Rainer. Schnetzler, Lino. Spielmann, Max. Steiner, Franziska. Stich, Mathias. Stucky, Anouk. Thomke, Florine. Vlahos, Philip. Weber, Josephine. Wüst, Kim. Zeller, Luca. Z'Brun, Nora.

AUTOR*INNEN

Achermann, Beni. Alumnus Quattordici, Teilzeitbüroangestellter, Veranstalter. **Aeby, Kim.** Diciotto. **Amundsen, Fiona**. Senior Lecturer in Art Theory/History and Photography, AUT University Auckland/NZ. **Auberger, Rasso.** Technischer Mitarbeiter mit Lehrauftrag. MA Integrative Gestaltung. **Awile, Juan** Diciotto. **Bathsetzis, Sotirios.** Dozent, Autor und Kurator, Athen. **Bissinger, Fabian**. Venti. **Böttger, Matthias.** Institutsleiter, Dozent, Architekt. **Burgener, Manuel.** Venti. **Buth, Ronny.** Diciotto. **Char, René**. (1907-1988) französischer Dichter. **Costello, Jade**. Venti. **Daum, Timo.** Dozent und Autor Internet, Medien und digitale Ökonomie. **Drognitz, Daniel.** ZHdK-Alumnus, Hospiz der Faulheit, freischaffender Fotograf. **Eigenheer, Elena.** Diciotto. **Etter, Roman.** Diciotto. **Freyhoff, Julia.** Diciotto. **Friese, Heidrun.** Professur interkulturelle Kommunikation, TU Chemnitz. Sozialanthropologin. **Hanek, David.** Diciannove. **Helfrich, Silke.** Forscherin, Aktivistin und Autorin zu Commons und Commoning. **Hugentobler, Michael.** Journalist und Schriftsteller. **Iten, Andrea.** Wiss. Mitarbeiterin, Künstlerin. **Jansen, Dienke.** Senior Lecturer Visual Arts. AUT University, Auckland/NZ. **Kappeler, Tobias.** Diciotto. **Keller, Moritz**. Diciotto. **Kipcak, Orhan.** Dozent, FH Joanneum Graz, Institut für Sprachkunst / Universität für angewandte Künste, Wien, Architekt. **Kleeb, Deborah.** Venti. **Kleinmeier, Cédric**. Venti. **Knubel, Roland.** Venti. **Kobi, Valentina.** Diciannove. **Kohal, Carlo Max.** Diciotto. **Lehmann, Alex**. Venti. **Luterbacher, Manuela.** Diciotto. **Lutz, Anja.** Buchdesignerin für zeitgenössische Kunst, Berlin. **Minella, Cilio Nino.** Diciotto. **Modig, Anders.** Koch, Journalist, Fotograf und … **Ndlovu, Serafina.** Venti. **Neubauer, Ralf.** Wiss. Mitarbeiter, Literaturwissenschaftler, MA Integrative Gestaltung. **Noorlander, Kilian.** Diciotto. **Pichler, Greta.** Studentin Institut für Sprachkunst, Wien. **Pietrafesa, Lucia.** Diciotto. **Pregger, Laura.** Dozentin. Gestalterin. **Reichert, Raphael.** Venti. **Rosegger, Rainer.** Soziologe, Stadt- und Regionalentwicklung, Graz. **Schindler, Luca.** Venti. **Schleiflinger, Bettina.** Studentin Institut für Sprachkunst, Wien. **Schmid, Janick.** Diciannove. **Schnetzler, Lino.** Diciotto. **Spielmann, Max.** Dozent, Leitung Jahresthema. Arzt. **Spühler, Luc.** Diciannove. **Stäheli, Tamara.** Diciannove. **Steffens, Finn.** Erasmus Institut Hyperwerk / Köln International School of Design. **Steiner, Franziska.** Diciotto. **Stucky, Anouk.** Diciotto. **Sulzenbacher, Gerd.** Student Institut für Sprachkunst, Wien. **Thomas, Carlotta.** Erasmus Institut Hyperwerk / Mediendesign, Visuelle Kommunikatoin FH Potsdam. **Thomke, Florine** Diciotto. **Vlahos, Philip.** Diciotto. **Waidmann, Silvan.** Diciannove. **Widmer, Urs.** (1938-2014) Schriftsteller und Übersetzer / Verlag der Autoren. **Wüst, Kim.** Diciannove. **Z'Brun, Nora.** Diciotto. **Zeller, Luca.** Diciotto.

Mit speziellem Dank an: Adamczak, Bini. Blockseminar. **Blaser, Christian.** HyperFestival. **Bruckner, Johanna.** Blockseminar. **Caputo, Lovis.** Open House. **Dell, Christopher.** HyperFestival. **Engel, Adrian.** HyperFestival. **Espahangizi, Kijan Malte.** Blockseminar. **Gantner, Tanja.** HyperFestival. **Gaudet, Daniel.** HyperFestival. **Grischa, Heinz.** HyperFestival. **Hurni, Martin.** HyperFestival. **Kelterborn, Adrian.** Video HyperFestival. **Khamis, Francisca.** Blockseminar. **Kieser, Luca.** dreamlab. **Kistler, Duscha.** Diplomjury. **Kurz, Daniela.** HyperFestival. **Luck, Frank.** Blockseminar. **Maurer, Oliver.** Commons-Workshop. **Mayer, Christof.** HyperFestival. **Peugeot, Fidel.** Beratung Schriften. **Sanvee, Davide-Christelle.** Blockseminar. **Schaffner, Martin.** Video HyperFestival, **Scheiflinger, Bettina.** dreamlab. **Schmid, Anna.** Diplomjury. **Schwab Viktoria,** Commons-Workshop. **Sigrist, Matthias,** HyperFestival. **Reden, Tina.** Blockseminar. **Rossel, Oliver.** HyperFestival. **Schmid, Harry**. HyperFestival. **Schweigert, Stephan.** HyperFestival. **Sütterlin, Heinz.** HyperFestival. **Spielmann, Nils.** Fachinfo Druck. **Tsaknaki, Vasiliki.** Diplomjury. **Unternährer, Nathalie.** HyperFestival. **Walthard, Catherine.** Diplomjury. **Ward, Matt.** Blockseminar. **Weber, Andreas.** HyperFestival. **Wienhold, Leon.** Student Institut für Sprachkunst, Wien. **Willi, Johannes.** Open House.

Und allen, die dieses Studienjahr mit ihren Workshops, Projekten und Produktionen ermöglicht, realisiert und unterstützt haben.

SCHRIFT

Montserrat / Open Font Licence
Inspiriert von den alten Plakaten und Schildern des traditionellen Stadtteils Montserrat in Buenos Aires. Entwickelt von Julieta Ulanovsky.

PAPIER

Inhalt & Umschlag: 115 g/m² Affichenpapier
Deckel: 410 g/m² Crescendo C1S
Bezug: 115 g/m² Surbalin glatt, weiss
Vorsatz: 120 g/m² F-Color glatt, weiss
Alle Papiere sind FSC zertifiziert

AUFLAGE

700 Exemplare

DRUCK, BINDUNG

DZA Druckerei zu Altenburg GmbH
Gutenbergstrasse 1 · D-04600 Altenburg

ADMINISTRATION HYPERWERK

Elena Mores
T: +41 61 228 40 33
elena.mores@fhnw.ch

Die Art der gendergerechten Formulierung wurde den Schreibenden überlassen und vom Lektorat innerhalb des jeweiligen Artikels vereinheitlicht.

EINE PUBLIKATION VON

Institut HyperWerk
Hochschule für Gestaltung und Kunst FHNW
Institutsleitung: Prof. Matthias Böttger

FHNW HGK · Institut HyperWerk
Freilager-Platz 1 · Postfach · CH-4002 Basel

info.hyperwerk.hgk@fhnw.ch
www.fhnw.ch/hgk/ihw
www.hyperwerk.ch
www.facebook.com/cometohyperwerk

Download unter:
issuu.com/hyperwerk

© Institut HyperWerk
Hochschule für Gestaltung und Kunst
FHNW 2019

ISBN-978-3-9525055-2-6